RALF SCHUMACHER

RALF SCHUMACHER

Christian Dewitz

HEEL

IMPRESSUM

HEEL Verlag GmbH
Gut Pottscheidt
53639 Königswinter
Telefon 0 22 23 / 92 30-0
Telefax 0 22 23 / 92 30 26
E-Mail: info@heel-verlag.de
Internet: www.heel-verlag.de

Fotos:
ADAC Nordrhein, Archiv Jörg-Thomas Födisch, Archiv Dieter Oeckl, Uwe Baldes/Opel Motorsport Presse, BMW AG, Rolf Deimel, Christian Dewitz, Wolfgang Grube , Wolfgang Leufgens, Gerhard Noack, Peter M. Lill, Gerlinde Säger, Norbert Kurth

Verantwortlich für den Inhalt: Christian Dewitz

Alle Angaben ohne Gewähr, Irrtümer vorbehalten

Lektorat: Joachim Hack, Bad Honnef

Umschlaggestaltung und Satz: HEEL Verlag GmbH

Druck: BAWA Print, München

ISBN: 3-89365-886-6

Inhalt

Danksagungen

Der Autor dankt folgenden Unternehmen, Institutionen und Personen für ihre Unterstützung:

Abt Sportsline GmbH/Pressestelle, Kempten

ADAC, München und Köln

Adam Opel AG/Motorsport Presse, Rüsselsheim

Audi-Bergmeister, Langenfeld

BMW AG/Pressestelle, München

Irene Böttcher, Bonn

Kart-Club Kerpen-Manheim, Kerpen

Kölnische Rundschau, Bergheim

Kölner Stadt-Anzeiger, Bergheim

Oeckl-Film-TV, Köln

Rhein-Zeitung, Koblenz

Gerlinde Säger, Kerpen

Villa Trips/Museum für Rennsportgeschichte, Horrem

Einsamkeit und Glück

In Deutschland gibt es wohl keinen Piloten, der so früh so schnell erfolgreich war: 1993 Vizemeister in der Formel-Junior, 1994 und 1995 Rang drei und Rang zwei in der deutschen F-3-Meisterschaft, 1995 Sieger des F-3-Grand-Prix in Macau, 1996 Gewinner der Formel-Nippon-Meisterschaft in Japan, 1997 Formel-1-Debüt in Melbourne. Die Rede ist von Ralf Schumacher, dem Bruder des Weltmeisters Michael Schumacher. Die frühen und raschen Erfolge hatten lange Zeit einen faden Beigeschmack: war es nicht der Champion, der dem „Kleinen" die Karriereleiter hielt, der entscheidende Türen im Motorsport-Geschäft öffnete, der das ein oder andere Cockpit reservieren ließ? Ralf mußte lange Zeit mit diesen Meinungen leben. Und auch mit den Siegen Michaels. „Je erfolgreicher mein Bruder ist, desto weniger ist man bereit, mich als eigenständige Person zu akzeptieren." Ein Satz, der die ganze frühere Problematik von „Schumi II" offenbart. Ralf Schumacher hat lange und oft auch mit untauglichen Mitteln dagegen angekämpft, immer den kleinen Bruder abgeben zu müssen. Das wichtige Handy, die protzige Uhr, ein dicks Bündel Geldnoten – der Spott der Branche war hart. „Rolex-Ralf" oder „das kleine Arschloch" hat ihn seine Umwelt genannt, aber der Bruder des Weltmeisters wußte sich auch zu wehren. „Meine Umwelt hat es mir schwer gemacht, und ich meiner Umwelt", sagte der Pilot einmal in einem Interview. Seit Mitte der 80er Jahre befassen sich der Dokumentarfilmer Dieter Oeckl und die Journalistin Sigrid Sünkler mit den Schumacher-Brüdern. Ihr Film „Dem großen Bruder hinterher? Ralf Schumacher gibt Gas" fand große Beachtung. Sigrid Sünkler schildert den „Kleinen" so: „Er war sperrig, unzuverlässig, schwer zugänglich. Aber das war eine Schutzfunktion. Innerlich war Ralf wohl sehr einsam." Und weiter sagt sie: „Er hat bei mir einen dicken Stein im Brett, weil er ein ganz ehrlicher Typ ist, ein offenes Buch mit klar strukturierten Seiten." Einmal sei Ralf Schumacher vor ihr gestanden, völlig entspannt und glücklich. Sünkler lächelt: „Er schien es nicht fassen zu können, als er eine Bilanz zog. ‚Ich habe schon so viel erreicht in jungen Jahren, unglaublich' sagte er leise."

Wo alles anfing

„Sie werden mich vielleicht auslachen, wenn ich jetzt etwas sage: Aber ich bin davon überzeugt, dass das Go-Kart, dieses kleine, in Amerika ja momentan sehr bekannte und beliebte Sportgerät, bei uns in vielleicht 20 oder 30 Jahren ein Schulsportgerät sein wird. Denn wir werden gar nicht umhin können, unsere Jugend verkehrsmäßig zu erziehen und ihr ein Fahrgefühl zu vermitteln. Und das ist mit diesen kleinen Dingern durchaus gut möglich." Vielleicht hat am 4. März 1961 beim „5. Verkehrsforum" der Hannoverschen Presse der eine

Kartsport-Anfänge in Deutschland: Der Club der „Rennsportfreunde Wolfgang Graf Berghe von Trips" gehört zu den Pionieren in der neuen Sportart. Links: Club-Mitbegründer Martin Ripp bei einem Rennen in Holland.

Gruppenbild mit Siegerpokalen: Die Rennsportfreunde aus Horrem Mitte der 60er Jahre.

oder andere Zuhörer über die Kart-Visionen des Gastredners geschmunzelt. Wolfgang Graf Berghe von Trips, Deutschlands Formel-1-Idol der Adenauer-Jahre, sollte aber Recht behalten.

Der Kölner Dokumentarfilmer Dieter Oeckl war knapp 17 Jahre alt, als der Adelige aus Horrem am 10. September 1961 beim XXXII. Gran Premio d'Italia in Monza nach der Krone des Rennsports greifen wollte. Trips führte in der Formel-1-Fahrerwertung, hatte die schnellste Trainingszeit erzielt und stand um 15 Uhr in der ersten Startreihe. Millionen Bundesbürger saßen vor den Rundfunkgeräten und drückten ihrem Landsmann die Daumen. Ein Sieg auf dem Hochgeschwindigkeitskurs im Königlichen Park hätte erstmals einem deutschen Fahrer die Formel-1-Weltmeisterschaft gebracht. Auch Dieter Oeckl kann sich noch ganz genau an die Stimmen der Rundfunkkommentatoren erinnern, die kurze Zeit später die Schreckensmeldung in die Heimat übermittelten. Der Graf war nach einer Kollision mit dem Lotus des Schotten Jim Clark aus der zweiten Runde des Großen Preises nicht wiedergekommen.

Der Mythos Trips hat auch Oeckl immer wieder fasziniert. Ende der 70er produzierte der Filmemacher „Die Berghe von Trips-Story". Auch seine neueste Arbeit „Schumi und Co. – Vom Kart-Kid zum Formel-1-Star", im Juli 2000 vom ZDF im Abendprogramm ausgestrahlt, hat mit dem Leben und dem Vermächtnis Wolfgang Graf Berghe von Trips' zu tun. Denn die „Kart-Kids" – Michael und Ralf Schumacher, Heinz-Harald Frentzen und Nick Heidfeld – sind „Erben" der Horremer Sportgröße, die einer neuen Rennfahrergeneration das nötige Startkapital hinterließ. Oeckl: „Von Wolfgang von Trips bis hin zu den heutigen deutschen Grand-Prix-Piloten zieht sich ein historischer Faden. Ohne den Grafen hätte es in Horrem keine Kartbahn und keinen Leihkart-Betrieb der Familie Schumacher gegeben."

Als Wolfgang von Trips in Deutschland für seine Idee vom Go-Kart als Sport- und Verkehrserziehungsmittel warb, gab es in den Vereinigten Staaten bereits 800.000 und in Frankreich 100.000 Karts. Der Rennfahrer, der von dem kleinen Sportgerät voll überzeugt war, wollte schließlich im Raum Horrem auf eigene Kosten eine eigene Kart-Bahn bauen lassen. 1961 informierte er den Landschaftsverband Rheinland über seine Pläne und bat um Unterstützung.

Mit dem Tode von Graf Trips am 10. September 1961 in Monza schienen auch die Pläne für eine Go-Kart-Anlage in der Gemeinde gestorben zu sein. Aber die Horremer Martin und Andreas Ripp, Heinz Quadt sowie Fritz Schriefers hielten an der Idee fest. Sie hatten im August 1961, kurz nach dem Großen Preis von Deutschland auf dem Nürburgring, in Horrem den Trips-Fanclub gegründet, die „Rennsportfreunde Wolfgang Graf Berghe von Trips". Nach der Tragödie in Italien beschloss der Club am 1. November bei einer Mitgliederversammlung, seine Aktivitäten auszudehnen. Der Vereinsname erhielt den Zusatz „Go-Kart Club". Die Rennsportfreunde nahmen 1962 erstmals an Kart-Veranstaltungen teil. Kurze Zeit später waren sie selber Gastgeber eines internationalen Rennens auf einer Piste in Hürth-Kalscheuren, Gräfin Thessa, die Mutter des verunglückten Ferrari-Piloten, hatte einen Wanderpokal gestiftet. 1964 begann der Club mit dem Bau einer Kart-Bahn auf Trips'-

schem Gelände am Waldweg in Horrem. Am 19. April 1965, einem Ostermontag, konnte die „Go-Kart-Bahn Wolfgang Graf Berghe von Trips" feierlich eingeweiht werden.

Ende der 60er Jahre wurde der Verein von einer großen Krise erschüttert. Interne Querelen, hohe Schulden und ein rapider Imageverlust in der Öffentlichkeit ließen das Schlimmste befürchten. Die Wende kam mit Gerhard Gollnast, der den Vorsitz übernahm und den Club konsolidierte. Beim Kraftakt, den Schuldenberg abzubauen, halfen die gräfliche Familie, die Gemeinde Horrem und der Kreis Bergheim. Parallel dazu erfolgte eine intensive Mitgliederwerbung. Die Maßnahmen retteten den Verein, der nun besseren Zeiten entgegensehen konnte. 1970 wurde in Horrem die erste Jugendabteilung für Kartsport in der Bundesrepublik gegründet. Im August 1971 fand der Europäische Junioren-Cup statt, der erstmals in Deutschland ausgetragen wurde. Auch in den Folgejahren gab es auf der „Go-Kart-Bahn Wolfgang Graf Berghe von Trips" eine Reihe nationaler und internationaler Rennen.

Die 70er Jahre brachten neue Probleme für den Verein. Die Auflagen für den Betrieb der Bahn, die in der Nähe eines Wohngebietes lag, stiegen. Auch entsprachen die sportlich-techni-

Blick auf das Gelände des Kart-Clubs Kerpen-Manheim.

schen Voraussetzungen nicht mehr dem inzwischen üblichen Standard. 1977 fand das Präsidium in einer Kiesgrube in der Nähe des Stadtteils Kerpen-Manheim ein geeignetes Neubaugelände. Ende 1979 begann der Club in Eigenleistung mit dem Kartbahn-Neubau. Im März 1980 wurde Deutschlands größte Kartbahn eröffnet. Auf der rund 1107 Meter langen und sieben Meter breiten Piste fanden im Juli 1981 die Kart-Europameisterschaft und im Juli 1983 die Kart-Junioren-WM statt. 1983 änderte der Club seinen Namen um in „Kart-Club Kerpen-Manheim“. Die Südkurve der Manheimer Bahn trägt zum Gedächtnis den Namen des prominenten Formel-1-Fahrers aus Horrem: Wolfgang Graf Berghe von Trips.

Dieter Oeckl hat für seine 30-minütige Dokumentation über das „Mekka der deutschen Kart-Szene“ fast zehn Jahre lang recherchiert. Er trug Bildmaterial aus Archiven und von Hobbyfotografen zusammen und ergänzte die alten Bildquellen durch aktuelle Interviews. Er ist der felsenfesten Überzeugung: „Es ist kein Zufall, dass derzeit alle vier deutschen Formel-1-Fahrer aus dem Kart-Club Kerpen-Manheim kommen.“

Der Club aus dem Erftland gilt in Fachkreisen als Kaderschmiede für den Rennsport. Michael und Ralf Schumacher, Heinz-Harald Frentzen und Nick Heidfeld feierten in frühester Jugend auf der Kartbahn in Manheim ihre ersten Erfolge. Auch Mika Häkkinen war 1983 auf dem Erftlandring am Start, Ayrton Senna und Alain Prost drehten in der Kiesgrube als Kids ebenfalls schon schnelle Kart-Runden.

„Sie werden mich vielleicht auslachen, wenn ich jetzt etwas sage: Aber ich bin davon überzeugt, dass das Go-Kart, dieses kleine, in Amerika ja momentan sehr bekannte und beliebte Sportgerät, bei uns in vielleicht 20 oder 30 Jahren ein Schul-Sportgerät sein wird.“ Wolfgang Graf Berghe von Trips hatte Recht behalten. Sein erster Go-Kart, 1960 aus den USA importiert, steht heute im Museum für Rennsport-Geschichte in Horrem. Die Bahn, auf der auch die Schumachers erstmals schnelle Kart-Rennrunden drehten, ist heute noch zu finden. Fragt man ältere Horremer nach dem Weg, dann bekommt man gleich eine Antwort: „Ah, Sie meinen die Bahn vom Grafen Wolfgang.“ Da, wo alles anfing …

Der große Bruder

„Das Lächeln wich nicht aus ihren Gesichtern. Selbst nach dem gut vierstündigen Gesprächsmarathon mit rund 300 Pressevertretern – etwa 350 weiteren wurde mangels Platz abgesagt – sowie etwa 150 geladenen Sponsoren und privaten Gästen aus dem In- und Ausland, strahlten Michael und Ralf Schumacher noch um die Wette." Juli 1997, Lokaltermin in Kerpen-Sindorf, auch Joachim Schmidt von der Kölnischen Rundschau war dabei. Zum fünften Mal seit 1993 hatte Michael Schumacher vor dem Großen Preis von Deutschland Journalisten und „Handverlesene" in seine Heimatstadt eingeladen.

Schmidt berichtete seinen Lesern: „Der ‚kleine Schumi' stand nach seinem Aufstieg in die Formel 1 erstmals mit im Blitzlichtgewitter der weit über 100 Fotografen. Doch der unumschränkte Star des Tages war der zweimalige Weltmeister, der in diesem Rahmen sein neues Kart-Center eröffnete. 50 Millionen Mark hat die Anlage gekostet. Ein Hotel und eine Freiluftbahn sind zudem in Planung. Neben den 40 Millionen Mark, die Ferrari pro Saison für die Dienste von Michael Schumacher zahlt, rechnet Manager Willi Weber 1997 mit 80 Millionen Mark Umsatz allein durch die Fan-Artikel der Schumacher-Kollektion. Dabei sind die roten Ferrari-Mützen der Renner. Schon 300.000 sollen allein in diesem Jahr verkauft worden sein. Beim Besuch der verschiedenen Informationsstände, die einige der Sponsoren in dem Kart-Center aufgebaut hatten, nahm der Rummel um die Idole

schon fast hysterische Formen an. Die breitschultrigen Leibwächter hatten Mühe, ihren Schutzbefohlenen den Weg zu bahnen. Michael Schumacher meinte: ‚Sie sehen ja, was hier schon los ist. Was glauben Sie, würde passieren, wenn ich jetzt da draußen über die Straße gehen würde?' Aber wie kommt der Ferrari-Pilot dann unerkannt in sein Elternhaus? ‚Ich fahre nur noch in der Dämmerung von und nach Kerpen.' Der Tribut für die Rennsporterfolge und die Popularität in Deutschland."

Bruder Ralf tat sich da im neuen Kart-Center schon leichter. Er amüsierte sich über den ganzen Rummel und meinte zu Schmidt: „Die Fans kommen doch zu 90 Prozent wegen ihm, brüllen dann Schumi, Schumi, und ich kann mir einbilden, ich sei gemeint."

Der große Bruder – „Schumi I": Michael Schumacher wurde am 3. Januar 1969 als erstes Kind von Rolf und Elisabeth Schumacher geboren. Die Familie lebte damals in Hürth-Hermülheim, einer kleinen Vorstadt im Kölner Westen nahe der Autobahn Richtung Aachen. Vater Schumacher verdiente den Lebensunterhalt als Ofenbauer und war handwerklich ein Ass. Es gab kaum eine Reparatur im Haushalt, die er nicht selber erledigte. 1973 baute er in ein ausrangiertes Kettcar einen alten Mofa-Motor ein und ließ seinen Vierjährigen damit auf dem Gehweg vor dem Haus herumkurven. Michaels Begeisterung über das schnelle Spielzeug war so groß, dass ihn der Vater zur Kartbahn in Horrem mitnahm. Hier wurde der Junior sofort im Club angemeldet. Ein unbekannter Fotograf mit dem Urheberkürzel „sz" schoss damals ein kleines Bilddokument der Rennsportgeschichte. Im Bildtext heißt es: „Der wahrscheinlich jüngste Kartfahrer der Bundesrepublik wohnt in Niederaußem. Er heißt Michael Schumacher und ist vier Jahre alt. Der kleine Flitzer gehört zusammen mit seinem Vater seit etwa vier Wochen dem Kart-Club Rennsportfreunde Graf Berghe von Trips an."

Knapp ein Jahr später schenkt Rolf Schumacher seinem Sohn das erste echte Wettbewerbskart. Michael Schumacher nennt das Gefährt noch heute den „billigsten Go-Kart, der je gebaut wurde". Peter Grunert beschreibt in seinem Buch „Die Schumachers" den Kart und seine Entstehungsgeschichte: „Wenn man sich die Biographien anderer erfolgreicher Rennfahrer anschaut, stellt man meist fest, dass sie entweder über reiche Eltern oder Gönner verfügten oder zumindest in der Autobranche aufgewachsen waren. Fast alle waren mit genügend finanziellen Möglichkeiten ausgestattet, sich ein erstes Fahrgerät zu kaufen, oder sie bekamen es gestellt. Über diese Geldmittel verfügte Vater Rolf nicht. Aber er war dank seiner handwerklichen Fähigkeiten und einem ausgeprägten Improvisationsgeschick in der Lage, seinem Sohn ein Renn-Kart zur Verfügung zu stellen. Er bastelte es aus gebrauchten Teilen zusammen, die andere Fahrer achtlos weggeworfen hatten. Er reparierte sie, baute sie in stundenlanger Kleinarbeit zusammen und passte sie der Körpergröße seines Sohnes an. Michael war eben erst fünf Jahre alt geworden. Seine Beine hatten noch nicht die Länge, die für ein normales Kart-Chassis benötigt wurden. So schnitt der Vater einfach ein Stück aus dem Chassis heraus, schweißte beide Teile wieder zusammen und schraubte einen 100-ccm-Motor hinein. Zur Freude von Vater und Sohn lief das Fahrgerät gar nicht schlecht."

1975 gewann Michael zum ersten Mal die Clubmeisterschaft, obwohl seine Gegner älter waren und bessere Karts fuhren. Aber er hatte einen entscheidenden Vorteil. Seit sein Vater in Horrem die Kartbahn leitete, konnte er so viel trainieren, wie er wollte. Am 30. Juni 1975 fiel das Training wohl aus: an diesem Tag wurde Michaels Bruder Ralf geboren.

Als im März 1980 in einer Kiesgrube nahe von Kerpen Manheim die neue Kartbahn des Vereins „Rennsportfreunde Graf Berghe von Trips/Go-Kart Club von Horrem" eröffnet wurde, begann auch für Rolf und Elisabeth Schumacher ein neuer, einschneidender Lebensabschnitt. Vater Rolf übernahm im „Erftland-Motodrom" die Bahnaufsicht, die Wartung und die Instandsetzung sowie einen Kart-Verleih als Nebenbetrieb. Seine Frau wurde Pächterin der Kartbahn-Gaststätte, die sie bis zum Frühjahr 1992 führte. Durch dieses berufliche Engagement war immer ein Elternteil auf dem Motodrom-Gelände und hatte die Söhne im Auge.

Auf der Kartbahn von Kerpen-Manheim wurde Michael gleich im Eröffnungsjahr Clubmeister. 1984 und 1985 holte er sich den Titel des deutschen Juniorenmeisters, 1985 auch die WM-Vizemeisterschaft im französischen Le Mans. In diesem sportlich so erfolgreichen Jahr bekam „das Wunderkind des deutschen Kartsports“ erstmals auch massive Probleme. Schumacher-Autor Peter Grunert über das Jahr 1985: „Die Konkurrenz in Michaels Altersklasse rüstete sich mit immer besseren Geräten aus. Die Motoren seiner Konkurrenten waren meist stärker, die Chassis wurden leichter und die Reifen immer weicher. Für Michael damals ein schier unerfüllbarer Traum. Noch heute erinnert sich Vater Rolf, dass es Zeiten gab, in denen es einfach nicht möglich war, 500 Mark für einen neuen Motor hinzublättern. Michael sah seine Karriere als Kart-Wunderkind manchmal entschwinden. Hier galt es rasche Abhilfe zu schaffen. Sponsoren mussten her.“

Zu den ersten Förderern zählte Männer wie Gerhard Noack oder Jürgen Dilk, später kamen auch Kerpener Gewerbetreibende, kleine Firmen und Autohäuser als Sponsoren hinzu. Michael, der 1986 eine Automechanikerlehre begonnen hatte, bedankte sich mit dem Gewinn der Deutschen Kart-Meisterschaft und Kart-Europameisterschaft 1987. 1988 wechselte er zum Automobilrennsport. Aus Schumachers Statistik bis 1999:

1988: Deutscher Formel-König-Meister. Zweiter Platz in der europäischen Formel-Ford-1600-Meisterschaft. Sechster Platz in der deutschen Formel-Ford-1600-Meisterschaft.

1989: Dritter Platz in der deutschen Formel-3-Meisterschaft.

1990: Fünfter Platz in der Sportwagen-WM. Deutscher Formel-3-Meister.

1991: Am 25. August 1991 Formel-1-Einstand beim GP von Belgien auf Jordan 191-Ford HB V8, danach auf Benetton B191-Ford HB V8. Fünfter Platz im Großen Preis von Italien. Sechster Platz in den Großen Preisen von Portugal und Spanien. 12. Platz in der Fahrer-WM mit vier Punkten.

1992: Formel 1 auf Benetton B191B-Ford HB V8 und auf Benetton B192-Ford HB V8. Sieger im Großen Preis von Belgien (am 30. August). Zweiter Platz in den Großen Preisen von Spanien, Kanada und Australien. Dritter

Platz in den Großen Preisen von Mexiko, Brasilien, Deutschland und Italien. Vierter Platz in den Großen Preisen von Südafrika, Monaco und England. Dritter Platz in der Fahrer-WM mit 53 Punkten.

1993: Formel 1 auf Benetton B192B-Ford HB V8 und auf Benetton 193B-Ford HB V8. Sieger im Großen Preis von Portugal. Zweiter Platz in den Großen Preisen von San Marino, Kanada, England, Deutschland und Belgien. Dritter Platz in den Großen Preisen von Brasilien, Spanien und Frankreich. Vierter Platz in der Fahrer-WM mit 52 Punkten.

1994: Formel 1 auf Benetton B194-Ford Zerec-R V8. Sieger in den Großen Preisen von Brasilien, Pacific, San Marino, Monaco, Kanada, Frankreich, Ungarn und Europa (Jerez in Spanien). Zweiter Platz in den Großen Preisen von Spanien und Japan. Formel-1-Fahrerweltmeister mit 92 Punkten.

1995: Formel 1 auf Benetton B195-Renault V10. Sieger in den Großen Preisen von Brasilien, Spanien, Monaco, Frankreich, Deutschland, Belgien, Europa (Nürburgring), Pacific und Japan. Zweiter Platz im Großen Preis von Portugal. Dritter Platz im Großen Preis von Argentinien. Fünfter Platz im Großen Preis von Kanada. Formel-1-Fahrerweltmeister mit 102 Punkten.

1996: Formel 1 auf Ferrari F310-V10. Sieger in den Großen Preisen von Spanien, Belgien und Italien. Zweiter Platz in den Großen Preisen von Europa (Nürburgring), San Marino und Japan. Dritter Platz in den Großen Preisen von Brasilien und Portugal. Vierter Platz im Großen Preis von Deutschland. Dritter Platz in der Fahrer-WM mit 59 Punkten.

1997: Formel 1 auf Ferrari F310B-V10. Sieger in den Großen Preisen von Monaco, Kanada, Frankreich, Belgien und Japan. Zweiter Platz in den Großen Preisen von Australien, San Marino und Deutschland. Vierter Platz in den Großen Preisen von Spanien und Ungarn. Fünfter Platz im Großen Preis von Brasilien. Sechster Platz in den Großen Preisen von Italien und Österreich. 78 Punkte in der Fahrer-WM (der Formel-1-Vizeweltmeister-Titel wurde Schumacher aberkannt).

1998: Formel 1 auf Ferrari F300-V10. Sieger in den Großen Preisen von Argentinien, Kanada, Frankreich, England, Ungarn und Italien. Zweiter Platz in den Großen Preisen von San Marino und Luxemburg. Dritter Platz in den Großen Preisen von Brasilien, Spanien und Österreich. Fünfter Platz im GP von Deutschland. Zweiter Platz in der Fahrer-WM mit 86 Punkten.

1999: Formel 1 auf Ferrari F399-V10. Sieger in den Großen Preisen von San Marino und Monaco. Zweiter Platz in den Großen Preisen von Brasilien, Malaysia und Japan. Dritter Platz im Großen Preis von Spanien. Fünfter Platz im Großen Preis von Frankreich. Fünfter Platz in der Fahrer-WM mit 44 Punkten (nach dem schweren Unfall in Silverstone konnte Michael Schumacher nicht bei den folgenden sechs Großen Preisen starten).

Autokennzeichen aus ganz Deutschland, rund 20.000 Fans am Rathaus, ein Fahnenmeer und Transparente auf dem hell erleuchteten Platz: am 17. November 1994 feierte Kerpen einen prominenten Bürger, der sich als erster Deutscher den Formel-1-Titel gesichert hatte. Nachdem er sich im Foyer des Kerpener Rathauses ins Goldene Buch der Stadt eingetragen hatte, rief Michael Schumacher vom Balkon aus seinen Fans zu: „Was sich hier abspielt, ich kann es nicht beschreiben, das schönste Geschenk zur Weltmeisterschaft seid ihr."

Der Kölnische Rundschau-Redakteur Manfred Funken war den ganzen Tag über in Kerpen auf den Beinen gewesen und hatte mit „Schumi-Verehrern" gesprochen. Erich Kahnt aus Bonn sagte dem Journalisten: „Wenn man 30 Jahre lang die Formel 1 verfolgt und immer wieder das Scheitern der deutschen Fahrer beobachtet hat, dann ist es schön, wenn es endlich einer geschafft hat." Was Schumacher gelang – so sahen es an diesem historischen Tag auch noch andere Motorsportfreunde – war Wolfgang Graf Berge von Trips aus dem nahen Horrem verwehrt geblieben. Ein WM-Punkt in Monza für den Adeligen hätte die Grand-Prix-Saison 1961 entschieden. Funken hatte auch notiert: „Aus Nürnberg und Rostock waren die Rennsport-Begeisterten angereist, um ihr Idol zu sehen. Am Nachmittag pilgerten einige von ihnen zur Kartbahn nach Kerpen-Manheim: Dort also hatte Michael Schumacher gelernt, wie man mit Tempo, Fliehkräften und Gegnern umgeht."

Ferdinand Wind war viele Jahre lang Stadtdirektor der Stadt Kerpen. In einem Interview mit dem Autor sprach der 52-jährige Kommunalpolitiker über die erfolgreiche Arbeit des Kart-Clubs Kerpen-Manheim und über die prominenten Söhne der Gemeinde, über Michael und Ralf. Hatte Wind eine Erklärung für die effiziente Talentförderung des inzwischen weltbekannten Kerpener Vereins? Er überlegt einen Augenblick: „Ich kann mich daran erinnern, wie der inzwischen verstorbene Gerhard Gollnast aus Sindorf, früher Stadtverordneter der SPD, als Präsident den Club entscheidend nach vorne gebracht hat. Mit Gollnasts Nachfolger Brandes ging es dann noch weiter bergauf. Brandes erwarb sich schon nach kurzer Zeit einen guten Ruf, weil er den Club mit starker Hand

und professionell leitete. Gollnast, der ein fanatischer Anhänger des Kartsports war, würde heute wohl vor Freude in Ohnmacht fallen, wenn er von den Vereinserfolgen wüsste."

Die Stadt Kerpen ist stolz auf ihren Kart-Club und auf die deutschen Formel-1-Fahrer, die dort die ersten Kart-Runden drehten. Hat die Kommune den Club auch gefördert? Der frühere Stadtdirektor überlegt und schmunzelt dann. „Mir fällt da eine kleine Geschichte ein. Michael wollte Teile des Kartgeländes in Manheim kaufen. Ich habe als Stadtdirektor damals mit ihm verhandelt und mir sein Stöhnen über den Vertrag anhören müssen. Dort gab es eine Klausel die besagte, dass bei einem Weiterverkauf die Hälfte des Erlöses an die Stadt Kerpen gehe. Er meinte mit spöttischem Unterton: ‚Sie wollen ja noch mehr als mein Manager Willi Weber'. Ich habe ihm erklärt, dass die Stadt dem Club einmal das Gelände kostenlos zur Verfügung gestellt hat. ‚Ohne diese Bahn gäbe es Michael Schumacher nicht', sagte ich. Michael schwieg. Dann meinte er: ‚Alles klar, einverstanden, ich unterschreibe'. Die Stadt Kerpen hat übrigens auch den Kart-Club jahrelang durch eine sehr günstige Pacht unterstützt. Auch bei den Genehmigungsverfahren hat die Stadt geholfen wo sie konnte.

Geben und nehmen – hat sich der Name „Schumacher" auch positiv auf die Gemeinde ausgewirkt? Der Ex-Stadtdirektor tut sich bei dieser Frage etwas schwer. Ist Formel-1-Begeisterung messbar? „Als Michael das erste Mal Formel-1-Weltmeister wurde, erlebte unsere Pressestelle einen noch nie da gewesenen Medienrummel. Sogar ein finnisches Fernsehteam war in Kerpen und wollte Michael interviewen – natürlich zum Thema „Mika Häkkinen". Früher haben wir immer gesagt, wir kommen aus der Nähe von Köln. Seit den Schumachers ist es einfacher, mit Kerpen kann inzwischen die ganze Welt etwas anfangen. Das Image der Stadt hat auf jeden Fall einen positiven Touch bekommen. Direkte Vorteile – wie etwa eine gestiegene Gewerbeansiedlung – hat es aber nicht gegeben. Irgendwie ist trotz aller anfänglicher Euphorie das Leben in Kerpen seinen normalen Weg weitergegangen.

David und Gary Brabham, Emerson und Wilson Fittipaldi, Ricardo und Pedro Rodriguez, Jackie und Jimmy Stewart, Joachim und Manfred Winkelhock – Brüder im Top-Motorsport. Zehn Paare hat es bereits in der Formel 1 gegeben, unter ihnen seit 1997 auch die Gebrüder Schumacher. Ferdinand Wind kennt die derzeit „schnellsten Brüder" der Welt aus der Nähe. Lassen wir ihn einfach mal erzählen. „Den Ralf Schumacher kenne ich besonders gut, er war mit unseren Töchtern Kerstin und Astrid ja zusammen in der Grundschule in Manheim. Manchmal kam der Junge zu uns zum Spielen und hat dann auch schon mal bei uns gegessen. Einmal verdrückte er die ganze Schüssel voller Kohlrabi alleine. Ralf war damals ein kleiner Wirbelwind mit blonden Haaren. Er war viel mit seinem Fahrrad im Dorf unterwegs, seinen Bruder Michael hat man da sehr selten gesehen. Vom kleinen Schumacher wussten wir auch, dass er schon auf der Kartbahn mit dem Kart rumflitzte. Später, als er seine ersten Wettbewerbe gewann, setzte langsam auch um ihn der Rummel ein. Besonders zu der Zeit in der Formel Junior und Formel 3000. Aber am Anfang stand er immer im Schatten seines großen Bruders und wirkte oft wie der ewig Zweitplatzierte."

Im Windschatten des Weltmeisters – wie kam Ralf Schumacher mit dieser Rolle zurecht? Ferdinand Wind sucht nach einen Beispiel, um die damalige Seelenlage des „kleinen Schumacher" zu beschreiben. Er erinnert sich: „1996 fuhren Ralf, sein Vater und ich in den Westerwald. Es war in der Nähe von Frankfurt, wir wollten uns dort eine Indoor-Kartbahn ansehen. Bruder Michael plante zu dem Zeitpunkt den Bau einer solchen Anlage im Stadtbereich Kerpen. Ralf fuhr in diesem Jahr in der japanischen Formel-3000. Als wir im Westerwald ankamen, umringte ihn plötzlich die halbe Dorfjugend, so bekannt war sein Gesicht inzwischen geworden. Ihn hat das sichtlich gefreut. Mir fiel schon auf der Fahrt auf, wie seriös Ralf geworden war. Früher war er wild, ein Springinsfeld, manchmal abgehoben, vielleicht zu früh mit eigenem Konto vom Management und mit eigenem Handy ausgerüstet. Manche bezeichneten ihn in Kerpen als ‚läppschen Knörres', der viel aneckte. Bei unserer Westerwald-Tour habe ich aber eine positive Veränderung bei ihm festgestellt. Er wirkte abgeklärt, erwachsen. Vielleicht haben ihn die Monate in Japan reifer werden lassen. Als er Nippon-Formel-3000-Meister geworden war, unterhielt sich sein Vater mit mir. Rolf Schumacher wirkte traurig als er sagte, alle Welt spreche nur von Michael. Die Stadt Kerpen habe Ralf nicht mal zur Nippon-Meisterschaft gratuliert. Ich musste bei diesem Vorwurf schlucken, denn das stimmte ja."

Kart-Jugend unterwegs: Ralf Schumacher im Schwimmbad (rechts), im Sommer 1987 im Zeltlager im Sauerland (unten, auf dem Schlauchboot) und beim Lagerfeuer (Ralf im Vordergrund). Die frühen Aufnahmen vom heutigen Formel-1-Star stammen alle von Kart-Jugendleiter Rolf Deimel.

„Michael Schumacher ist reif fürs Museum", so lautete am 27. August 2000 eine Schlagzeile im Hamburger Abendblatt. Am Vortag hatte der zweimalige Formel-1-Weltmeister bei seinem Kart-Center in Kerpen-Sindorf den Grundstein für ein eigenes Museum gelegt. Hier soll künftig eine permanente Ausstellung über das Leben der beiden Grand-Prix-Brüder zu sehen sein. Michael Schumacher hat sich inzwischen entschieden, auch nach Ende seiner Rennsportkarriere im Ausland zu wohnen. Sein Bruder Ralf scheint da bodenständiger. Auf Interviewfragen, wo er im Alter leben wolle, hat er bisher ohne zu zögern meist geantwortet: „Hier in Kerpen-Manheim“.

Ferdinand Wind kann auch zum Thema „Heimatverbundenheit“ etwas beitragen. „Ich habe Ralf einmal in der Kartbahn-Gaststätte getroffen, er stand an der Theke. Wir haben uns lange über alte Zeiten in Kerpen unterhalten. Er meinte, er würde eines Tages gerne wieder heimkommen. Monaco sei auf Dauer doch nicht das Richtige. Dann fragte er mich, was ich von der Idee halte, wenn er sich hier ein Grundstück kaufen und bauen würde. Er schien es ernst zu meinen. Seine Mutter hat mir einmal gesagt, wenn einer der beiden Söhne nach Kerpen zurückkehren sollte, dann eher der Ralf. Ralf hat im Gegensatz zu seinem Bruder Michael mehr Freunde und Bekannte hier. Und er pflegt seine Kontakte nach Manheim oder Sindorf intensiv. Vielleicht liegt es daran, dass Michael als Kind und Jugendlicher lieber auf der Kartbahn blieb, während sein jüngerer Bruder gerne auch schon mal ins Dorf radelte.“

Manchmal überhitzt

1989 waren Dokumentarfilmer Dieter Oeckl und die Journalistin Sigrid Sünkler in Kerpen-Manheim und beobachteten die „Kart-Kids“ bei ihrem Training auf der schnellsten Bahn Deutschlands. Das Team drehte für den WDR. Der Beitrag „Dem großen Bruder hinterher? Ralf Schumacher gibt Gas“ wurde 1992 auf West 3 ausgestrahlt und erhielt gute Kritiken.

Im Film fragt Sigrid Sünkler Michael Schumacher, der wild gestikulierend an der Bahn steht und einem vorbeisausenden Kart nachsieht: „Sind Sie mit dem zufrieden, wie der Ralf jetzt gefahren ist?“ Michael Schumacher antwortet: „Doch, auf jeden Fall. Also ich finde, in dem Alter kann man auf jeden Fall zufrieden sein, mit der Leistung die er bringt.“ Sünkler: „Sind Sie das Vorbild für Ralf?“ Schumacher denkt nach: „Ich glaube nicht, dass ich ein Vorbild vom Ralf bin. Weil da gibt es sicher andere Fahrer, wo er Vorbilder von hat. Der eigene Bruder als Vorbild, glaube ich nicht.“ Sünkler will wissen: „Stacheln Sie seinen Ehrgeiz an?“ Der große Bruder schüttelt den Kopf: „Nein, könnte ich nicht sagen, ich lasse ihn fahren. Wenn er Fehler macht, kriegt er das von mir gesagt.“ Die Journalistin hakt nach: „Und wie reagiert er darauf, wenn Sie ihm die Fehler sagen?“ Michael grinst: „Er ist ein sehr eigensinniger Typ, er reagiert manchmal sehr überhitzt darauf. Er lässt sich nicht immer was von mir sagen. Das ist ein Problem bei ihm, aber sonst kommen wir ganz gut zurecht.“

An das gelungene WDR-Film-Porträt erinnert sich auch der Präsident des Kart-Clubs Kerpen-Manheim, Gert Brandes. Er nahm sich am 23. Juli 2000 viel Zeit für ein Gespräch über den Club und die Schumacher-Brüder. Und da an diesem Sonntagnachmittag im Motodrom das 3. Mülheimer ADAC Kartrennen gerade in die letzten Runden ging, hatte Brandes auch gleich

KSN
SÜNNER
Kölsch
Racing
Team
BERGMEISTER
sport
8

anschauliche Beispiele aus der Kart-Praxis zur Hand. Die kennt der Präsident übrigens selbst aus aktiven Zeiten noch ganz genau…

Gert Brandes hat sein Herz für den Kartsport Mitte der 70er Jahre entdeckt. „Es war bei einem Spanienurlaub auf einer Leih-Kartbahn. Mir hat das solchen Spaß gemacht, dass ich nach dem Urlaub in Deutschland weiterfahren wollte. Aber ich musste lange nach einer geeigneten Anlage suchen – einen Kart-Boom gab es damals bei uns ja noch nicht. Eines Tages las ich dann in der Zeitung, dass in Kerpen-Manheim eine neue Kartbahn eröffnet würde. Ich fuhr hin und freute mich, dass es hier einen Leih-Kart-Betrieb gab. Den Betrieb leitete ein Ehepaar Schumacher, ihre beiden kleinen Söhne waren immer auf der Bahn dabei. Bahnwart Rolf Schumacher arbeitete damals noch als Heizungsbauer, während der Woche kümmerte sich seine Frau Elisabeth um den Leih-Betrieb. Am Anfang kamen nur wenige Besucher auf das Gelände. Ich war von der Bahn so begeistert, dass ich fast täglich in der Kiesgrube auftauchte. Auch wenn es regnete. Ich kann mich noch erinnern, dass an solchen Tagen Elisabeth Schumacher, die oberhalb der Anlage wohnte, mit süßsaurer Miene mit mir runter zur Bahn ging. Dort drehte ich dann einsam meine Runden."

Nach vielen Stunden im Leih-Kart wollte auch Gert Brandes einmal „ein richtigs Kart", ein Renn-Kart mit Hochleistungsmotor fahren. Er kaufte sich ein gebrauchtes Exemplar und lernte dadurch den älteren der Schumacher-Söhne näher kennen. Wie war die Premiere im kleinen Flitzer? Brandes erinnert sich noch mit Schrecken an den Tag: „Mit meiner Neuerwerbung kam ich knapp 200 Meter weit, dann zerbrach der Pleuel und zerschlug den Motor. Ich war offensichtlich beim Kauf rasiert worden. Ich saß da wie ein Häufchen Elend, als plötzlich der kleine Michael Schumacher vor mir stand. Der Junge tröstete mich und schlug vor, Gerhard Noack um Rat zu fragen. Noack, der einen Kart-Handel auf dem Gelände hatte, bot mir das Renn-Kart von Michael zum Kauf an. Michael hatte das Fahrzeug bereits ein Vierteljahr in Wettbewerben gefahren, der Rahmen war weich geworden – eine Veränderung, die ein Laie nicht bemerken konnte, die aber im Wettkampf den Kart langsamer machte. Mir war das egal, ich gab meinen Schrott in Zahlung und erhielt von Noack meinen ersten richtigen Renner, das Renn-Kart des späteren deutschen Formel-1-Weltmeisters."

Michael Schumacher war zu jener Zeit knapp elf Jahre alt, Brandes damals 40. Beide trainierten von nun an zusammen und fuhren später auch gemeinsam für Noack. Was bedeutet „für Noack" fahren? Der Clubpräsident erklärt: „Noack war der Rennstall, von dem Michael Schumacher und ich unser Material bezogen. Mitte der 80er Jahre gab es drei Händler auf der Bahn: Noack, Großmann und Horst. Parallel dazu gab es innerhalb des Kart-Clubs Manheim auch drei Gruppen: Entweder arbeitete man mit Noack, mit Großmann oder mit Horst zusammen. Wir fuhren bei und für Noack und waren wie eine Familie. Fast täglich trafen wir uns in seiner Werkstatt in Bergheim und schraubten an den Karts rum. Später machte uns Frau Noack was zu essen, meistens Nudeln. Im Kart war ich eigentlich ganz gut – Michael war ja auch ein ausgezeichneter Trainingspartner. Eineinhalb Jahre später hatte ich einen schweren Trainingsunfall, war danach im Kart nicht mehr schnell genug und nahm bald darauf Abschied vom aktiven Rennsport. Zu dieser Zeit hatte mich Michaels Vater Rolf schon überredet, in den Vorstand des Kart-Clubs Manheim einzutreten. Er war damals im Vorstand Bahnwart, sein Sohn Ralf ist heute offiziell im Vorstand Jugendleiter, wird aber von unserem Rolf Deimel vertreten."

Das erste Vorstandsamt von Gert Brandes war das des Rechnungsprüfers. Er hatte das Amt in schwerer Zeit angetreten. Der Club hatte die neue Bahn in Kerpen-Manheim gebaut, hatte einen Haufen Schulden und nur 35 Mitglieder. Als auch noch völlig unerwartet Clubpräsident Gerhard Gollnast starb, war

Brandes der Retter in höchster Not. Nach und nach entschuldete er den Verein und führte ihn mit professioneller Hand in eine bessere Zukunft. Die sportliche und menschliche Entwicklung der beiden Schumacher-Brüder hat Präsident Gert Brandes in all den turbulenten Zeiten nie aus den Augen verloren. Besonders im Falle von Michael Schumacher wirkte er an manchen beruflichen Weichenstellungen maßgeblich mit.

Gert Brandes: „Bei Michael sage ich bewusst ‚maßgeblich', weil bei ihm noch so einige wichtige Türen erst aufgemacht werden mussten. Später bei Ralf war es einfacher. Weil er der Bruder von Michael war, standen viele Türen bereits offen. Natürlich konnte Ralf damals auch schon mit eigenen sportlichen Erfolgen – ich denke da nur an die Formel 3 oder an die Nippon-Meisterschaft – dazu beitragen, dass ihm der Aufstieg in die Formel 1 so rasch gelang. Aber auch diese Erfolge haben mit einem berühmten Bruder und dem entsprechenden Management im Rücken zu tun. Natürlich hat auch das eigene große Talent bei der erfolgreichen Karriere geholfen. Da gibt es überhaupt keine Zweifel."

Nach der Frage, wie er denn „Talent" im Kart- und Automobilrennsport definieren würde, steht Brandes auf und geht zum Fenster. Er sieht dem Fahrerfeld der Bambini-Klasse nach, das gerade auf dem Weg in die „Graf Berghe von Trips Kurve" ist – die Finalläufe beim 3. Mülheimer ADAC Kartrennen sind in vollem Gange. Gert Brandes zeigt nach draußen: „Talent ist zum einen ein Gefühl für das Verhalten des Fahrzeugs. Das lernt man beim Kartfahren am allerbesten. Wenn ich vom ‚Kart' spreche, meine ich das 100-ccm-Kart, das über eine Kette die hintere Antriebswelle antreibt. Ich spreche nicht vom Kart mit Getriebe. Für das ‚richtige' Kart gilt: Da es eine starre Verbindung hat, muss der Fahrer ständig die Drehzahl hochhalten. Geht die Drehzahl in den Keller, dann braucht man lange, um sie wieder aufzubauen. Dies bedeutet wiederum, dass der Fahrer ständig ‚rund' fahren muss. Driftet er beispielsweise, wird er langsam. Fahren lernt man also im Kart, weil hier die technische Krücke, das Getriebe, fehlt. Außerdem hat das Kart nur eine Bremse, die auf die Hinterachsenwelle wirkt. Nur ‚auf die Hinterachsenwelle bremsen' bedeutet so viel, als würde man im Auto die Handbremse ziehen. Macht man das zu hart, dreht sich das Auto. Bremst der Kart-Fahrer also zu hart, dann dreht sich sein Gefährt. Das Überbremsen mit Drehen als Folge bedeutet wiederum, dass die Räder stillstehen. Und wenn die Räder stillstehen, ist der Motor aus. Kurz gesagt: für das Kart-Fahren muss man ein unglaubliches Gefühl entwickeln, ein Fahrgefühl, das man in einem normalen Auto einfach nicht lernen kann."

Die meisten Formel-1-Piloten der vergangenen Jahre kommen aus dem Kartsport. Mika Häkkinen nahm in Manheim 1983 an der Kart-Junioren-Weltmeisterschaft teil, auch Ayrton Senna startete im Erftland-Motodrom im Kart-Wettbewerb. „Kart ist eine erste wichtige Stufe auf der Erfolgsleiter in die Formel 1", meint Brandes. „Der erste, der sich öffentlich zum Kartsport bekannte, war übrigens Michael Schumacher. All die anderen verschwiegen zunächst schamhaft ihre Kart-Anfänge. Kart hatte lange Zeit dieses ‚Kinderspielzeug-Image'. Als Michael gestand ‚ich habs im Kart gelernt', da erst nahm man diesen Sport ernst. Was folgte war der bekannte Kart-Boom in unserem Lande."

Neben dem Fahrgefühl sei die Abstimmung beim Kart die zweite entscheidende Komponente für den Erfolg, nimmt Brandes den Faden wieder auf. „Allzu viel abstimmen kann man eigentlich nicht bei diesem kleinen Sportgerät – hinten kann die Breite oder die Enge verändert werden, am Sturz der Vorderräder kann gearbeitet werden, das Gewicht des Sitzes kann nach vorne oder nach hinten verlagert werden, und man kann mit dem Luftdruck arbeiten. Aber auch diese wenigen technischen Korrekturmöglichkeiten verlangen großes Fingerspitzengefühl, wenn man im Ziel die Nase vorne haben will. Abstimmen, das konnte Michael Schumacher schon immer aus dem Effeff." Er erinnere sich an eine Episode aus dem zweiten Formel-1-Jahr des späteren Doppel-Weltmeisters, sagt Brandes. Die kleine Geschichte könne noch einmal verdeutlichen, was er mit Talent, Fahrgefühl und dem Gefühl für Abstimmung gemeint habe. „Ich besuchte Michael Schumacher in Silverstone und unterhielt mich dort auch mit Ross Brawn, seit 1991 Technischer Direktor bei Benetton. Ross erzählte mir, man habe mit

Michael anfangs ‚ein großes Problem' gehabt. Michael sei unheimlich schnell gewesen, habe Bombenzeiten erzielt und trotzdem an der Box immer wieder die Abstimmung kritisiert. Brawn und seine Crew dachten zunächst, der Deutsche sei ‚crazy'. Bis sie seinen Kritikpunkten nachgingen. Schumacher hatte recht und fuhr nach den technischen Veränderungen nun noch schneller. Ich glaube, auch Ralf hat inzwischen dieses Feeling für die Abstimmung, für die Technik entwickelt. Zu Kart-Zeiten war das allerdings noch etwas anders. Und das hat damit zu tun, dass beide Brüder völlig verschiedene Persönlichkeiten waren und sind."

Lange Zeit war der jüngste Sohn des gelernten Ofenbauers Rolf Schumacher nur der „kleine Bruder des großen Michael". Große Teile der Medien behandelten ihn respektlos als „Schumi II" – als Menschen ohne eigenes Profil. Auch „Rolex-Ralf" war eins jener Zerrbilder, das (zu) lange im Bewusstsein der Öffentlichkeit blieb. Der SPIEGEL trieb im September 1997 mit einem Pseudo-Porträt über Ralf Schumacher das Ganze auf die Spitze. „Rote Backen, goldene Taler" hieß der Beitrag, in dem es vor Platitüden und Boshaftigkeiten nur so wimmelte. Autor Matthias Geyer – nomen est omen – hackte auf dem jungen Rennfahrer freudig herum. Leseprobe: „Ralf Schumacher fährt im Windschatten des älteren Bruders Michael. Schon vor seinem Grand-Prix-Debüt ist er begehrtes Objekt für Sponsoren und Star entfesselter Medien – derweilen feilt sein Management an den Manieren des Emporkömmlings." „Entfesselt" waren auch andere Beiträge. Leseprobe aus „Schumi II startet durch" von Marko Mädge, erschienen im SUBWAY-Magazin, ebenfalls 1997: „Eigentlich sind sein Name und der gelbe Jordan-Peugeot-Rennanzug seine Markenzeichen, doch seit die verantwortlichen Manager und Marketing-Berater von Ralf Schumacher erkannt haben, dass die Ware Schumacher ein Gentleman- und Saubermann-Image erhalten sollte, zeichnet sich Schumi II vor allem durch eines aus: Neckisches Augenzwinkern und programmiertes Lächeln aus dem Lehrbuch der PR-Maschinerie. Denn die Erfolgs-Symbiose aus Sport, Wirtschaft und Medien ist noch in der Frischzellen-Phase und soll nicht durch unprofessionelles Auftreten leichtfertig zerstört

Sport

Werbepartner Ralf Schumacher*: *„Mit anderen Worten – es gibt wat zu mampfen"*

FORMEL 1

Rote Backen, goldene Taler

SPORT

Schumi II startet durch

Ralf Schumacher hat das beste PR-Augenzwinkern der Branche

werden ... Auf der internationalen Leipziger Automobil-Messe gab sich der Formel-3000-Meister jedenfalls betont brav, korrekt und so knuddelig wie ein Plüschtier: Schumi-I-Manager Willi Weber (der mit 20 Prozent an Ralfs Gagen beteiligt ist) weiß eben, wie man aus einem tolpatschigen Phrasendrescher den netten Schwiegersohn von nebenan konstruiert. Bei jedem Autogramm ein Augenzwinkern, bei jedem Foto ein breites Lächeln und die Interview-Aussagen sachlich und wohl überlegt... Doch wenn man auf dem Boden der Tatsachen bleibt, die PR-gerechten Lobpreisungen ignoriert oder die Auskünfte der Formel-1-Experten einholt, kann man eigentlich nur zu einer Meinung kommen: Ralf Schumacher ist ein Kunstprodukt der Werbeindustrie. Der Name Schumacher, egal ob Michael oder Ralf, und die dazugehörigen Sunnyboys ohne Ecken und Kanten (abgesehen von Schumis Kinn natürlich) sind wie geschaffen als Projektions- und Identifikationsfiguren für Millionen von Formel-1-Fanatikern."

Über solch unseriöse Medien-Stücke kann Clubpräsident Gert Brandes nur den Kopf schütteln. Er kennt beide Schumacher-Brüder „so wie sie wirklich waren, und so wie sie wirklich sind". Besonders das unschöne Bild, das in der Vergangenheit von Ralf verbreitet wurde, hat ihm wehgetan. Gert Brandes: „Es gab viele Leute, die Ralf Schumacher als arroganten Schnösel bezeichneten. Ich gebe zu, dass er in jungen Jahren zu manchen Zeitgenossen ziemlich frech und hochnäsig auftrat. Mir gegenüber hat er sich immer korrekt verhalten. Er war ein höflicher Junge, der allerdings seine Meinung mutig und offen vertrat. Ich erinnere mich, wie Ralf als Zwölfjähriger einmal zur Vereinsführung kam und forderte: ‚Wir Kinder haben überhaupt kein Mitspracherecht bei der Wahl des Jugendleiters, das finde ich falsch, das muss geändert werden'. Das gab uns zu denken, denn er hatte ja Recht. Ein Schlüssel zum Verständnis, warum Ralf sich lange Jahre so schwer tat, ist natürlich Michael. Michael ist unglaublich ehrgeizig. Und er musste Leistung bringen, damit er überhaupt fahren konnte. Seine Abmachung mit Gerhard Noack bestand darin, dass er zwar von ihm das nötige Material bekam, auf der anderen Seite aber auch erfolgreich sein musste. Denn wenn Michael mit Noack-Material gewann, dann kamen die Käufer natürlich zu Michaels Förderer und gingen nicht zu anderen Händlern. Als Michael in der Formel 3 fuhr, wartete die Nation bereits fieberhaft auf das neue deutsche Idol in der Formel 1. BILD hatte damals extra einen Journalisten für Michael abgestellt, der den kommenden Grand-Prix-Star auf Schritt und Tritt begleitete. Michael Schumacher wurde zum Teil also auch von den Medien aufgebaut. Ralf hingegen trat ins Rampenlicht des Motorsports mit dem Etikett ‚der kleine Bruder'. Für ihn war das eine gewaltige Hypothek."

Wie hat „der kleine Bruder" auf dieses Etikett und auf die große Erwartungshaltung der Fans und Fachwelt reagiert? Brandes berichtet von einem Abendessen beim Italiener in Kerpen: „Ralf, damals knapp 16 Jahre alt, hatte eingeladen. Seine Eltern waren da, ich hatte meine Frau mitgebracht. Nach dem Essen ließ Ralf es sich nicht nehmen, im Restaurant mit seiner Kreditkarte zu bezahlen. Es war ihm sehr wichtig. Es war Show. Wir schmunzelten. Ich habe sein Verhalten aber auch irgendwie nachvollziehen können. Es war die Zeit, wo man ihm den Kopf verdrehte. Ich erinnere mich an eine Geschichte mit einem großen Kölner Medien-Haus. Die Geschäftsleitung wollte Michael Schumacher für Autogrammstunden verpflichten, schreckte aber bei dem hohen Preis zurück. Dann kam sie auf die Idee, den kleinen Bruder für zehn Stunden zu verpflichten. Hauptsache der berühmte Familienname stand in der Werbung. 5000 Mark pro Stunde für einen damals 15-jährigen Jungen – Irrsinn. Der Ralf musste doch abheben. Oder kennen Sie die Geschichte mit der Lehre bei einem Bonner Autogeschäft? Der Ralf ging fast nie hin, und der Meister beschwerte sich deswegen eines Tages beim Chef. Das hätte dem guten Mann fast den Job gekostet. Wenn Ralf mal in Bonn auftauchte, dann küsste ihm der Unternehmer fast die Füße, lud ihn ins Auto und besuchte Kunden: ‚Hier, das ist mein Lehrling, der Bruder vom Michael Schumacher'." Brandes winkt mit der Hand ab, er will nicht weiter aus dem Nähkästchen plaudern, das sei alles Schnee von Gestern. „Aber ich ziehe heute immer noch meinen Hut vor Ralf Schumacher: es ist erstaunlich, wie vernünftig er geblieben ist bei all den Sachen, die gelaufen sind. Dass er sich so wieder in den Griff bekommen hat, das verdient Hochachtung. Die meisten Jungs an seiner Stelle wären vor lauter Hochmut abgestürzt, wären übergeschnappt und abgeglitten".

Hat Ralf seinen Bruder bewundert, war Michael das Maß aller Dinge? Der Clubpräsident will auch diese Frage offen beantworten: „Ralf hat seinen Bruder Michael immer schon bewundert und respektiert, sein Wort hatte Gewicht. Als Kind beispielsweise war Ralf übergewichtig, pummelig. Als er Leistungskart fuhr, sagten ihm Michael und Gerhard Noack: 'Also Junge, entweder du nimmst jetzt ein paar Kilo ab, oder wir lassen das mit der Kart-Karriere sein'. Zunächst schaffte er es nicht, abzunehmen. Das hat ihn ganz schön belastet. Aber Bruder Michael hat ihm deswegen ganz schön zugesetzt. Als ich vor einigen Jahren geschäftlich in England zu tun hatte, hat mich Ralf besucht. Er kam alleine, seine Eltern waren an diesem Tag nach London zum Einkaufen gefahren. Ralf war geknickt, weil sein Bruder Michael ihm mal wieder gehörig die Leviten gelesen hatte. Ich riet ihm, doch mal etwas auf eigene Faust zu probieren, um seinen großen Bruder zu überraschen. ‚Lern doch Englisch', schlug ich vor. ‚Und überrasche deinen Bruder damit eines Tages'."

Gert Brandes muss heute noch schmunzeln, wenn er an das Interview von Sigrid Sünkler mit Ralf Schumacher vor knapp zehn Jahren denkt. Die Journalistin unterstützte damals Dokumentarfilmer Dieter Oeckl bei seinem Projekt „Dem großen Bruder hinterher" und fragte den kleinen Kartfahrer: „Wie siehst du deine Zukunft im Motorsport?" Der 14-Jährige: „Mit Sicherheit schon mal etwas positiv, weil mein Bruder ja schon im Rennsport ist. Ich glaube – schon durch meinen Bruder, wenn der so weitermacht wie bisher, dass ich schon mal irgendwie durch seine Verbindungen einen Platz im Auto bekomme. Auch wenn es nur für ein Jahr ist. Aber da muss ich schon selber mitmachen, weil nur der Bruder hilft nichts, ich muss ja auch fahren können". Frage: „Was musst du denn alles dafür tun, um den Platz zu bekommen?" Ralf: „Ja, dafür muss ich erstmal beim Kart gut abschneiden, da werde ich versuchen, vielleicht mal einen Titel zu kriegen. Und dann muss ich mich halt mal mit meinem Bruder zusammensetzen und mit den Leuten, die Interesse haben. Dann muss man mal gucken, was draus wird." Frage: „Was möchtest du später mal werden?" Ralf: „Mein Ziel ist schon das Formel-1-Fahren." Frage: „Wirst du das schaffen?" Ralf: „Kann man nie sagen, ich hoffe es."

Gert Brandes greift die herrliche Szene auf. „Ja der Ralf, schon mit 14 Jahren ahnte er, wohin der Hase laufen und vor allem wie er laufen würde. Aber bis zum Ziel sollte es doch nicht so einfach werden. Bruder Michael fuhr, weil es ihm einfach Spaß machte. Ihn konnte man auf einen Traktor setzen, das war ihm egal, Hauptsache das Ding hatte einen Motor und vier Räder. Dann war er glücklich. Ralf dachte da ganz anders. Wenn sich für ihn daraus nichts ergab, dann stellte er sich die Frage: Warum soll ich denn das machen? Einmal fuhren beide als Gäste bei uns ein echtes Kartrennen mit. Michael wollte unbedingt gewinnen, und damit es spannend wurde, wollte er aus der letzten Reihe des Feldes starten. Er nutzte dann während des Rennens auch jede Überholmöglichkeit. Ralf fuhr gemütlich im Feld mit. ‚Warum soll ich denn hier meinen Hals riskieren, wofür denn?', erklärte er mir später".

Anfang der 90er Jahre unterhielt sich Clubpräsident Brandes einmal mit dem damaligen Teamchef des Eifelland-Racing-Teams. Es ging um die Schumacher-Brüder. Brandes: „Mein Gesprächspartner meinte, wenn er beide Schumacher miteinander vergleiche, dann sei Ralf das größere Talent. Leider mache der jüngere Schumacher aus seiner Begabung nicht so viel wie Michael und werde deshalb sicherlich auch nie so erfolg reich sein. Vom reinen Potenzial her sei der Ralf jedoch der talentiertere Fahrer. Doch zurück zu Michaels Traktor und zu Ralfs Rennsport-Ambitionen. Ich denke, am Anfang stand bei Ralf der Gedanke im Mittelpunkt, dass mit Rennsport fürchterlich viel Geld zu verdienen ist. Später hat er seine Einstellung geändert. Er fing an zu trainieren wie Michael. Er hat gewaltig trainiert, und ist heute genauso drahtig wie sein Bruder. Ich kenne den Formel-1-Fahrer Ralf Schumacher inzwischen nur noch als richtiges Arbeitstier. Allerdings tut Ralf nichts für nichts, es muss sich für ihn irgendwie auszahlen."

Ist Ralf Schumacher endgültig aus dem Windschatten seines Bruders Michael herausgefahren? Gert Brandes bringt es auf eine kurze Formel: „In die Formel 1 hineingekommen: das ist Michael. In der Formel 1 geblieben und sich dort etabliert: das ist Ralf." Kein Team könne es sich leisten, einen mittelmäßigen Fahrer für längere Zeit mitzuziehen, argumentiert Brandes weiter. Dass Ralf Schumacher sich zu einem der besten Formel-1-Piloten entwickelt habe, verdanke er in allererster Linie sich selbst. Aber Brandes schränkt auch ein: „Es gab auch noch einen Umstand, der Ralf den Einstieg ins Formel-1-Geschäft erleichterte. Als Michael noch Kart fuhr, hatten wir in Deutschland ein unglaublich breites Feld von Top-Fahrern, auch im internationalen Vergleich. Da musste sich Michael Schumacher erst einmal durchbeißen. Als Ralf in der Kart-Klasse fuhr, hatten wir ein sehr schwaches Nachwuchsfeld. Das sah zunächst nach Glück für ihn aus. Ralf gewann fast jedes Rennen ohne große Anstrengung, und das war letztendlich Pech für ihn. Als er nämlich zu den Kart-Junioren-Weltmeisterschaften fuhr, kam er nicht ins Finale. Bei der WM traf er erstmals auf wirkliche Konkurrenz, die ihm um die Ohren fuhr. Wenn einer glaubt, er habe das Renn-Talent geerbt und sieht, wie einfach er eine deutsche Junioren-Meisterschaft dominieren kann, der läuft Gefahr, sich irgendwann für einen kleinen ‚Fahrgott' zu halten. Bei dieser Kart-WM jedenfalls gab es ein böses Erwachen."

1997 trennten sich nach fast 30 Ehejahren die Eltern der Rennfahrer-Brüder. In der Kölnischen Rundschau hieß es dazu: „Elisabeth und Rolf Schumacher werden künftig zumindest privat getrennte Wege gehen. Das bestätigte Willi Weber, der Manager von Michael und Ralf Schumacher, auf Anfrage. Nach fast 30-jähriger Ehe habe sich das Paar einfach auseinander gelebt, sagte Weber. ‚Ein ganz normaler Vorgang, wie er sich in Deutschland täglich tausendfach abspielt'. Michael und Ralf respektierten die Entscheidung ihrer Eltern, sie werde am guten Verhältnis untereinander nichts ändern können". Auch der Präsident des Manheimer Kart-Clubs ist der Meinung, dass die Karrieren der Söhne das Leben der Eltern verändert haben. Gert Brandes äußert sich nur sehr verhalten zu diesem Thema: „Ich

Zwei Fotos, zwei Welten. Eine Aufnahme aus alten Kart-Zeiten (links) zeigt Vater Rolf Schumacher im Kart mit Sohn Ralf „als Bremser“. Viele Jahre später Medienrummel und ein Mann, der alles im Blick und fest im Griff hat – Ralf Schumacher und Manager Willi Weber (rechts). Der Ruhm hat seinen Preis …

mag beide sehr gerne, die Elisabeth und den Rolf. Wir haben ihnen viel zu verdanken. Ohne Rolf Schumacher gäbe es die Bahn in Manheim in der heutigen Form wohl nicht. Als Bahnwart hat er geschuftet ohne Ende – mit der Schaufel in der Hand, mit dem Bagger. Er war ein richtiger Malocher. Vor einigen Jahren hat mir Rolf gesagt, er habe ein schlechtes Gewissen ohne ‚richtige Arbeit‘. Ich habe ihm geraten, sein Leben doch einfach zu genießen. Bei allen Erfolgen der Söhne ist das Ehepaar Schumacher immer auf dem Teppich geblieben – als Michael bereits in der Formel 1 fuhr, da lief der Vater auf der Kartbahn immer noch im Blaumann rum. Elisabeth und Rolf Schumacher haben Glück gehabt mit ihren Kindern, leider hat das Glück auch manchmal seine Schattenseiten.“

Fast zwei Stunden lang hat Gert Brandes sich Zeit genommen für „die Schumachers“ und eine Reise in ihre Vergangenheit. Der Clubpräsident hatte schon vor Jahren prophezeit: „Der größte Formel-1-Fahrer der Nachkriegsgeschichte, Wolfgang Graf Berghe von Trips, kommt aus Kerpen-Horrem. Und auch das nächste deutsche Grand-Prix-Idol wird aus Kerpen kommen.“ Michael Schumacher fuhr damals noch nicht in der Königsklasse, er war aber gemeint. Vier aktuelle Formel-1-Piloten – die Schumacher-Brüder, Heinz-Harald Frentzen und Nick Heidfeld – stammen aus dem Mekka des deutschen Kart-Rennsports. Und das macht den Präsidenten stolz.

Zu Ralf Schumacher scheint Brandes einen besonderen Draht gehabt zu haben. „Ich weiß von seinem Vater, dass Ralf alle verachtete, die ihm in den Hintern kriechen wollten. Er hasste diese Schleimer, weil er den wahren Hintergrund rasch durchschaute. Das Strickmuster war immer gleich: ‚Wenn ich schon an den Michael nicht rankomme, dann versuche ich es einfach mal beim Kleinen'. Das hat ihm oft das Gefühl gegeben, nur zweite Wahl zu sein. Wen wundert es da, wenn sich ‚der Kleine' einen Schutzpanzer zugelegt und Abwehrmechanismen wie Arroganz und Schnodderigkeit entwickelt hat? Ralf hat mir oft von seinen Problemen erzählt, und ich habe immer gemerkt, dass er Riesenprobleme hatte. Dass er dabei niemals vom Weg abgekommen ist, erstaunte mich doch sehr. Viele andere wären an dem Szenario, der kleine Bruder des großen Weltmeisters zu sein, wohl irgendwann zerbrochen."

Bambini und Junioren

Unsicher, misstrauisch, störrisch, vorlaut, großkotzig, verletzend, unbequem, extrovertiert, offen, ehrlich, geradlinig, materialistisch, realistisch, traditionell, bodenständig, treu: über den Menschen und Rennfahrer Ralf Schumacher ist in den vergangenen Jahren in der Sport- und Boulevardpresse viel geschrieben worden. Viele journalistische Annäherungen an den jüngeren der beiden Schumacher-Brüder misslangen schlichtweg. Einige Porträts über „Schumi II“ verrieten schon nach ein paar Zeilen den neidgetrübten Blick der Autoren („der junge Schumacher hielt einfach die Hand auf, und Eddie Jordan, sein irischer Arbeitgeber, legte dem Vernehmen nach 800.000 Mark als Jahresgage hinein“). Manche Stücke über „den Weltmeister von morgen“ erschöpften sich in devoter Bewunderung des Stars („Mitflieger attestierten dem Rennfahrer in der Luft ebenfalls ein hohes Talent“).

1994 gab der Sportler in einem Mini-Interview der Kölnischen Rundschau „10 persönliche Antworten“. Auf welche Dinge er verzichten könne, wurde Ralf gefragt. Aus einer Liste wählte er: Schulzeugnis! Zum Thema „Schule“ äußert sich in diesem Buch Ralfs ehemaliger Klassenlehrer. Unsicher, misstrauisch, störrisch, vorlaut, großkotzig, verletzend, unbequem, extrovertiert, offen, ehrlich, geradlinig, materialistisch, realistisch, traditionell, bodenständig, treu? Wer ist Ralf Schumacher, und wie ist er wirklich? Auch andere Zeitgenossen erinnerten sich und öffneten ihre Fotoalben.

Hans-Joachim Jung, ehemaliger Schulleiter und Lehrer an der Katholischen Grundschule Kerpen-Manheim, war selber ganz erstaunt, als er das alte Klassenbild betrachtete. Ralf Schumacher fehlt auf dem Abschlussfoto. Auch nach längerem Nachdenken fand Jung keine Erklärung für die „Lücke“ im Klas-

senverband. Und ein Bild ohne Ralf, das wollte der Schulleiter im Ruhestand nun doch nicht aus der Hand geben. Erinnert Jung sich noch an den Jungen mit den blonden Haaren? „Ralf war von 1983 bis 1985 bei uns. Ich unterrichtete die Fächer Deutsch, Mathematik und Musik. Wie er in diesen Fächern war, weiß ich leider nicht mehr genau. Ich bin jetzt 70 Jahre alt, und die Zeit liegt doch schon so lange zurück. Ich erinnnere mich aber noch daran, dass Ralf nicht sehr eifrig im Unterricht war. Aber er war auch kein Störenfried, er war ein freundlicher Schüler.“

Spielte damals schon der Kart-Sport eine Rolle im Leben des Schülers Ralf Schumacher? Hans-Joachim Jung nickt sofort: „Ich glaube, sogar eine große Rolle. Ich weiß noch, wie sein Vater einmal zu mir in die Schule kam. Herr Schumacher sagte, er lege Wert darauf, dass Ralf im Unterricht gut zurechtkommt. Ihm sei es wichtig, dass der Junge eine gute Ausbildung hat.“

Ralfs älteren Bruder Michael hat der Pädagoge nicht persönlich kennengelernt. Als die Familie Schumacher nach Kerpen-Manheim zog, hatte Michael seine Grundschule bereits absolviert. Über die Vergleiche zwischen den beiden Rennfahrern ärgert sich Jung immer ein wenig. Jeder Mensch habe eine eigene Persönlichkeit, Vergleiche wie die im Falle der Schumacher-Brüder seien dumm, meint er. Da könne man doch auch gleich Michael Schumacher und Heinz-Harald Frentzen miteinander vergleichen. Hat Jung den sportlichen Werdegang seines einstigen Schülers später verfolgt? „Ja, oder sagen wir es mal so: früher hat mich die Formel 1 nicht sonderlich interessiert. Aber seit der erste Fahrer aus Kerpen-Manheim dabei war, habe ich mich genauer informiert. Und seit Ralf bei den Großen Preisen mitfährt, schaue ich mir die Rennen im Fernsehen schon gerne an“, schmunzelt Jung.

Formel-1-Fahren bedeutet auch sehr viel Arbeit und große Disziplin – ist Hans-Joachim Jung überrascht, wenn Ralf heute mit diesen Tugenden in Verbindung gebracht wird? „Eine

schwierige Frage“, meint der alte Klassenlehrer des Formel-1-Fahrers nachdenklich. „Ehrlich gesagt, ich bin schon ein wenig überrascht. Aber egal, damals war Ralf ja auch noch ein Junge, man ändert sich mit der Zeit. Heute bin ich doch ein bisschen stolz auf meinen erfolgreichen und berühmten Grundschüler. Als meine Frau und ich einmal im Spanienurlaub waren, wurde gerade ein Formel-1-Rennen übertragen. Ich habe den Gästen im Hotel verraten, dass ich der Lehrer von Ralf Schumacher war."

Hans-Joachim Jung sieht Ralf immer noch vor sich im Klassenzimmer sitzen – auch wenn die Jahre ins Land gegangen sind. „Ruhm, Reichtum und Rummel: Ist ihm der Kerpener Ralf Schumacher nicht doch irgendwie fremd geworden?" Jung denkt einen Augenblick nach und meint dann: „Soweit ich das beurteilen kann, hat sich der Ralf kaum verändert. Als er bereits die Realschule besuchte, hat er meine Frau und mich immer noch freundlich gegrüßt. Das macht auch nicht jeder ehemalige Schüler. Und die Leute im Dorf erzählen, dass Ralf Schumacher immer noch der höfliche Junge von damals ist, wenn er Manheim besucht. Mein Enkel sagt immer, er finde Ralf besser als Michael. Ich habe ihn aber nie gefragt, warum."

Schülerjahre, Kart-Jahre: Der kleine Ralf Schumacher (vorne in der Mitte) und Kameraden vom Kart-Club Kerpen-Manheim 1984.

Sommer 1987, ein Baggersee im Sauerland. Rolf Deimel, Jugendleiter des Kart-Clubs Kerpen-Manheim, ist mit dem Nachwuchs, den Bambini, ins Zeltlager gefahren. Zehn Tage mal ganz ohne Kart, einfach mal was anderes machen. Das fördert den Gemeinsinn, und die Kinder lernen sich besser kennen. Am Himmel ziehen dunkle Regenwolken auf, alle bauen schnell ihre Zelte auf. Nur ein blonder Junge pumpt verbissen Luft in sein großes blaues Schlauchboot. Rolf Deimel erzählt: „Das war Ralf. Ich habe ihm noch die dunklen Wolken gezeigt und ihn gewarnt. Aber er wollte ja unbedingt mit dem Kopf durch die Wand und mit dem Boot ins Wasser. Als es dann in Strömen regnete, lief er von Zelt zu Zelt und bettelte um ein trockenes Plätzchen."

Als Deimel Mitglied im Kart-Club wurde, war Michael Schumacher zwölf Jahre alt. Zwei Jahre später engagierte sich Rolf Deimel dann in der Nachwuchsarbeit und wurde Jugendleiter. Bruder Michael war nicht mehr lange in der Jugendgruppe dabei, stieg kurze Zeit später auf der Motorsportleiter aufwärts. Der Ehrenamtliche hat den späteren dreimaligen Formel-1-Weltmeister als „unauffälligen netten jungen Mann" kennen gelernt. „Immer hilfsbereit, immer kameradschaftlich". Aufgefallen sei der ältere der beiden Schumacher-Brüder in Manheim eigentlich nur durch seine vielen sportlichen Erfolge, ansonsten gab es um Michael keinen Wirbel.

Und der Ralf? „Der Ralf, das war ein ganz anderer Charakter", berichtet Deimel. „Er ist mehr mit Unlust an den Kartsport herangegangen. Irgendwie fehlte ihm anfangs die Begeisterung für das Fahren, die bei Michael immer spürbar war. Der Kleine hat das Ganze in späteren Jahren erst mit größerem Ernst betrieben, als er merkte, dass er durchaus auch die Siegermentalität wie sein Bruder hat. Von Vater Schumacher wird übrigens oft behauptet, er habe die beiden Söhne selten beim Motorsport gefördert. Ich weiß nicht, ob man das so sagen sollte. Rolf Schumacher hat zwar immer nach außen hin gesagt, er

Ob im Zeltlager, beim Wettkegeln oder nur vorm Fernseher …

Zweite Heimat

… Rolf Deimel (rechts mit Michael Schumacher) sorgte immer …

… für das optimale Programm.

Aus dem Fotoalbum von Rolf Deimel: Ralf Schumacher mit der Kart-Jugend unterwegs (Seite 43) …

… und bei Siegerehrungen des Kart-Clubs Kerpen-Manheim.

könne die beiden nicht unterstützen und nehme auch nicht sonderlich Anteil an der Entwicklung. Ich habe aber selber oft erlebt, wie er gebangt und Daumen gedrückt hat, wenn Michael oder Ralf gefahren sind. Meiner Meinung nach hat der Vater ein sehr großes Herz für den Kartsport gehabt. Materiell groß unter die Arme greifen, das war sicherlich nicht drin. Aber er hat seinen Jungs fürs Leben doch sehr viel Standfestigkeit mitgegeben."

Die Kart-Jugendgruppe um Rolf Deimel hat immer wieder ein abwechslungsreiches Rahmenprogramm neben dem sonst üblichen Kart-Training und den Wettbewerben erleben dürfen. Ralf Schumacher, die Bergmeister-Söhne, Nick Heidfeld und all die anderen Bambini, die damals in der Gruppe waren, schwärmen noch heute von der vorbildlichen Jugendarbeit des Clubs. Deimel hat viel Zeit in die Jugendarbeit investiert und sich immer wieder etwas einfallen lassen. „In Sommer gab es an jedem ersten Wochenende im Monat ein Jugendtreffen. Wir fuhren zum Zelten, ins Phantasialand nach Brühl oder in andere Vergnügungsparks, trafen uns am Abend im Fernsehraum oder veranstalteten ein Volleyballturnier", erzählt er. Ralf habe beim Volleyball leider meist schlechte Karten gehabt. „Er war so schlecht, dass ihn kein Team freiwillig wollte. Und auch der Michael hat den Kleinen immer zur gegnerischen Mannschaft geschickt", lacht Deimel.

Das Programm für die Kinder und Jugendlichen im Kart-Club Kerpen-Manheim ist auch darauf ausgerichtet, den Zusammenhalt zu fördern und den richtigen Umgang mit anderen zu lernen. Ein Programm mit einer gewissen erzieherischen Komponente. Dazu Deimel: „Fast alle Jungs, die in meiner Gruppe waren, haben Karriere gemacht. Dabei haben sie schon früh gelernt, Erfolge und auch Misserfolge richtig zu werten und damit umzugehen. Einmal habe ich Ralf wegen seiner unfairen Fahrweise bei einem Rennen disqualifiziert. Vater Schumacher kam später zu mir und hat mir bittere Vorwürfe gemacht: ‚Das hättest du Ralf nicht antun dürfen, der sitzt jetzt zu Hause und heult Rotz und Wasser'. Ich habe nur geantwortet: ‚Wenn er es jetzt nicht lernen will, ja wann dann?' Rolf Schumacher hatte genickt."

Eine Geschichte hat Rolf Deimel nie vergessen. Sie charakterisiere, so sagt der Jugendleiter, viel vom Wesen des Ralf Schumacher. Rolf Deimel: „Es war 1989 bei einem Zeltlager. Ich verstauchte mir an einem der Tage den Fuß und konnte mich danach nur noch unter großen Schmerzen fortbewegen. Ich durfte die Gruppe ja nicht alleine lassen und biss auf die Zähne. Es tat fürchterlich weh. Ralf hatte mein Schicksal so berührt, dass er von da an an nicht mehr von meiner Seite wich. Er half mir, wo er nur konnte und war der barmherzigste Samariter, den man sich wünschen konnte. So war und ist Ralf Schumacher – er hat ein großes Herz.“

Peter Kaiser arbeitet seit 13 Jahren auf dem Gelände des Erftland Motodroms. Es war die Liebe zur Technik, zu den Karts und Motoren, die ihn zum Kart-Club Kerpen-Manheim brachte. Heute ist Kaiser hier stellvertretender Bahnleiter mit eigener Firma. Michael und Ralf Schumacher kennt er beide noch aus ihrer Zeit im kleinen Sportgerät, und mit beiden ist er eng befreundet. Über den jüngeren der beiden Schumacher-Brüder erzählt Kaiser: „Ralf ist eigentlich bei den Kart-Leuten aufgewachsen. Wenn er damals aus der Schule kam, blieb er den ganzen Nachmittag bei uns. Am Wochenende wurden Rennen gefahren. Ralf war ein recht guter Fahrer, der aber auch noch viel von seinem Bruder Michael lernen konnte. Leider wurde er schon früh mit dem Älteren verglichen.“

Michael Schumacher hatte im Kartsport fast alles gewonnen, was es zu gewinnen gab – die Deutsche Meisterschaft, die Europameisterschaft, bei der Weltmeisterschaft war er Zweiter. Die Messlatte für seinen Bruder Ralf lag also hoch. „Es war für den Kleinen kaum möglich, sofort in die riesigen Fußstapfen seines Bruders zu treten. Sogar zweite Plätze in einem Kart-Rennen machten ihn unzufrieden, denn Michael war ja fast immer in seinen Wettbewerben als strahlender Sieger durchs Ziel gefahren“, erzählt Kaiser weiter. „Der Druck, unter dem

Ralf stand, war enorm. Zum einen war da die Erwartungshaltung seiner Umwelt, zum anderen der Leistungsdruck, unter den er sich – manchmal ohne Not – auch selber setzte. Erst viel später hat Ralf Schumacher akzeptiert, dass die Menschen Vergleiche wollen und brauchen. Dies gilt auch für die Welt des Sports und hier besonders für den Rennsport. Es kommt ja nicht oft vor, dass zwei Brüder in der Formel 1 gegeneinander antreten."

Gefragt, wie er den Menschen Ralf Schumacher und seine Entwicklung beschreiben würde, denkt Peter Kaiser eine längere Zeit nach. Dann sagt er: „Ralf war schon als Kind immer direkt, mit seiner Meinung geradeheraus. Das hat er sich bis heute bewahrt. Und er ist äußerst korrekt. Ralf zählt nicht zu den Zeitgenossen, die drei Tage lang mit einem Problem schwangergehen. Er kommt sofort auf einen zu und fragt: ‚Pass auf, da und da stimmt was nicht, wie kriegen wir das jetzt schnellstmöglich wieder hin?' Das ist eine Art, die ich sehr an ihm schätze. Natürlich hat sich Ralf auch andere Eigenschaften bewahrt, und natürlich hat sich auch ein Ralf Schumacher im Laufe seiner Karriere ändern müssen. Er war schon immer etwas verschlossener, zugeknöpfter als sein Bruder Michael. Das hat sich durch den Rummel um ihn noch verstärkt. Ihn nervt es einfach, wenn die Medien einen am liebsten bis auf die Toilette verfolgen wollen. Da blockt er ab. Ja, er sucht sich sogar die Leute genau aus, mit denen er einen Kaffee trinkt. Am liebsten mag er vertraute Gesichter. Ich kann seine Haltung nachvollziehen: Soll er denn immer erst prüfen, ob der Betreffende sich mit dem Menschen Ralf Schumacher, mit dem Rennfahrer oder mit dem ‚Bruder von Michael' zum Kaffeetrinken verabreden will?"

Der Name „Ralf Schumacher" stand lange Zeit auch für „läppische Interviews und rotzige Antworten". So zumindest hatte es einmal ein Boulevardblatt behauptet. Peter Kaiser will das nicht mehr gelten lassen: „Das ist Vergangenheit. Wenn ich Ralf heute im Fernsehen erlebe, fällt mir auf, wie sehr er an sich gearbeitet hat. Er ist wesentlich professioneller geworden, abgeklärt und locker zugleich. Es macht richtig Spaß, ihm zuzuhören."

Die „Ralf Schumacher-Story“ gibt es für die Fangemeinde auch im Internet. Unter dem Stichwort „Motorsportanfänge“ erfährt man auf der Web-Site: „Ralf Schumacher sammelte schon im Alter von drei Jahren erste Kart-Erfahrungen. Mit sechs Jahren nahm er an Clubrennen teil und fuhr die ersten Siege ein. 1991 gewann er den NRW-Cup, den Gold-Cup und die Deutsche Junioren-Kart-Meisterschaft. Ralf, der sich in seiner Jugendzeit nicht gerade vorbildlich ernährte, bekam ein kleines Problem: Er wurde zu schwer. Sein damaliger Teamchef stellte ihn vor die Alternative, seinen Lebensstil so weiterzuführen oder Rennfahrer zu werden. Für den jungen, selbstbewussten Ralf Schumacher stand die Entscheidung fest: ‚Mir wurde Motorsport in die Wiege gelegt‘, erklärte er und begann mit Fitness-Training und Sport. Im Jahre 1992 startete er in der Deutschen Kart-Meisterschaft und beendete die Saison als Deutscher Vize-Meister“. Auch Peter Kaiser hat die Homepage gelesen: „Ralf musste damals erkennen, dass jeder Erfolg seinen Preis hat. Es genügte nicht, nur gut zu fahren. Man muss auch eisern an sich arbeiten. Auch andere gute Fahrer aus dem Kart-Club Kerpen-Manheim haben diese Entwicklung durchgemacht – irgendwann dämmert vielen die Erkenntnis, dass Kartsport mehr ist als nur ein Freizeitspaß. Wer in der Spitze mitfahren will, der muss hart trainieren und fit sein. Und auch da unterscheiden sich die Schumacher-Brüder. Während Michael auch sehr viel Spaß bei anderen Sportarten hat, richtet sich Ralf streng nach seinem Fitnessplan. Mal schnell an einem Wohltätigkeitsfußballspiel teilzunehmen wie Michael, das käme Ralf nicht in den Sinn. Michael wiederum glaubt, dass Konditionstraining abwechslungsreich sein sollte und Freude machen muss“.

Zum Schluss fällt Kaiser noch eine kleine Episode ein. Es war 1992, gegen Ende von Ralfs Kart-Karriere, kurz vor dem Wechsel in die Formel Junior. Ralf hatte an diesem Wochenende im Zeittraining Probleme mit der kleinen alten Kartbahn gehabt und musste aus der Mitte des Feldes starten. Während des Rennens versuchte er sich nach vorne durchzuboxen. Der stellvertretende Bahnleiter erzählt: „Es entstand ein richtiges Tohuwabohu, Ralf wurde disqualifiziert, musste im zweiten Lauf vom letzten Platz aus ins Rennen gehen, und wir hatten plötzlich eine Menge Feinde. Das ganze Fahrerlager war aufgebracht. Vielleicht lag es auch daran, dass der große Bruder schon ein Formel-1-Star war. Auf jeden Fall war die Szenerie zwischen den zwei Läufen ziemlich gespenstisch, so ziemlich jeder war gegen uns. Manche tobten, ‚... nur weil der Schumacher heißt'. Dann kam Lauf Nummer zwei, Ralf startete als vierter. Er hat wieder das ganze Feld aufgerollt, diesmal mit mehr Fingerspitzengefühl und ohne Zwischenfälle. Es war eine Meisterleistung. Danach war absolute Ruhe im Fahrerlager, ja stille Bewunderung. Ralf und ich haben uns nur verschmitzt angeguckt und den Triumph still genossen."

Blankgeputzte Pokale, Siegerkränze, Kartsport-Fotos, Zeitungsausschnitte hinter Glas: Günter Schnock führt eine Gastronomie mit Tradition. Vor fünf Jahren haben er und seine Lebensgefährtin Karola Friese die Pacht über die Gaststätte im Erftland Motodrom übernommen. Viele deutsche Kartfahrer haben hier an der langen Theke schon ihren Imbiss bestellt, zwischendurch immer wieder die Kart-Trophäen und Sportfotos an der Wand betrachtet und vielleicht vor lauter Träumerei später vergessen, sich bei Frau Friese wieder das Pfand für die Kaffeetasse abzuholen. Und viele „Schumi-Fans" waren schon hier und fragten den Wirtsleuten Löcher in den Bauch über die Grand-Prix-Idole, die hier „das Laufen" lernten. Günter Schnock über seine neugierigen Gäste: „Die Leute erkundigen sich natürlich zuerst einmal über den dreimaligen Formel-1-Weltmeister. Ob der Michael auch wirklich hier gefahren ist, und wie er denn so war, im Kart und als Mensch. Ich habe beiden Schumacher-Brüdern oft beim Training auf der Kartbahn zugesehen, das war noch lange vor meiner Zeit als Pächter. Es war immer eine Augenweide, wenn die hier trainierten. Besonders der Michael ist gefahren und gefahren, von morgens bis abends. Immer wieder hat er seinen Kart eingestellt, hat etwas Neues ausprobiert und ist wieder raus auf die Bahn."

Elisabeth Schumacher, die Mutter von Michael und Ralf, führte die Gaststätte der Kartbahn bis Anfang der 90er Jahre. Danach kam ein anderer Pächter, ehe Schnock den Betrieb übernahm. Der heutige Pächter über die Gastronomie: „Wir sind mit dem Ehepaar Schumacher befreundet. Vor fünf Jahren fragte mich Rolf, ob ich nicht Lust hätte, den Laden an der Kartbahn zu schmeißen. Eine Neuverpachtung stand an. Wir überlegten nicht lange, dann unterschrieben wir. Die Entscheidung fiel mir persönlich nicht sehr schwer, denn ich bin ja selber mal Kart gefahren und später auch Tourenwagen. Aus dieser Zeit kenne ich noch Hans Heyer ganz gut – Deutscher Kart-Meister, Kart-Europameister, Kart-Weltmeister". Und wann hat er Ralf Schumacher kennen gelernt? Schnock: „Der Ralf war damals knapp 13 Jahre alt, als ich mit ihm näher zu tun hatte. 1993 habe ich ihn ein paarmal zu Formel-Junior-Rennen hingefahren, weil er noch keinen Führerschein hatte. Ich habe dann immer bis zum Rennende gewartet, um ihn wieder heimzubringen."

Wenn Schnock von den beiden Schumacher-Brüdern spricht, dann kommt er sehr schnell auch auf das Thema „Presserummel" zu sprechen. Er kennt Michael und Ralf ungeschminkt und wundert sich immer wieder über die Dinge, die die Medien vermitteln. Der Gastwirt wird ungehalten: „Die Medien haben viel aufgebauscht, viel Unwahres berichtet. Natürlich hat der Ralf eine Rolex-Uhr gehabt. Warum denn auch nicht? Er mag nun mal schöne Dinge, legt Wert auf das Äußere. Das ist doch durchaus legitim, vor allem dann, wenn man sich das Geld ehrlich verdient hat. Bei der Rolex-Uhr hat Ralf sich das Geld nach und nach zusammengespart – der Spiegel hat damals in seinem bösartigen Artikel über ‚Rolex-Ralf' kein Wort darüber verloren. Ich konnte auch nie begreifen, dass Ralf von einigen Teilen der Presse als arrogant und teilweise auch als dumm verkauft wurde. Gott sei Dank hat er inzwischen seine Kritiker ja selbst widerlegt: Wie er sich bei Interviews gibt, das ist schon bewundernswert. Ich denke, jedem jungen Menschen sollte das Recht zugestanden werden, Fehler zu machen und daraus zu lernen."

Glaubt Schnock, dass Ralf es in seiner Motorsportkarriere durch den Namen „Schumacher" leichter hatte? „Anfangs vielleicht", meint der Wirt. „Später musste er aber selber zeigen, was Sache ist. Den Einstieg in die Formel 1 hat ihm Michael sicherlich etwas leichter gemacht, die Rennen aber musste Ralf alle selber fahren. Und das war auch schon vor der Formel 1 so in den tieferen Klassen: in der Formel Junior, in der Formel 3 und in der japanischen Formel-Meisterschaft. Wenn ich mich recht erinnere, war Ralf eigentlich schon früh darauf bedacht, sein eigenes Profil zu besitzen. Wie oft wurde er wütend, wenn wieder einmal die falsche Frage gestellt wurde. Ich höre immer noch dieses ‚Pass auf!' – ‚Pass auf, ich bin der Ralf Schumacher und nicht der Michael Schumacher'."

Das Innenverhältnis der beiden Schumacher-Brüder ist bei aller Konkurrenz auf der Formel-1-Piste bislang unbeschädigt geblieben. Daran konnte auch die Presse – und hier vor allem die Boulevardpresse – nichts ändern, die schon so manchen erbitterten Bruder-Zwist herbeischreiben wollte. Alle, die Michael und Ralf Schumacher näher kennen, bezeichnen das Verhältnis der beiden als ausgezeichnet. Belege für das intakte Verhältnis gibt es genug. Und dies nicht erst seit der herrlichen Szene in Dieter Oeckls Dokumentarfilm „Dem großen Bruder hinterher? Ralf Schumacher gibt Gas", in der Michael dem kleinen Kart-Fahrer zur Aufmunterung ein Küsschen auf die Wange drückt. Auch Schnock hat den Film gesehen. „Ralf und Michael Schumacher sind ein Brüderpaar, wie man es sich idealer nicht vorstellen kann", bestätigt er. „Es ist selten, dass zwei Brüder im beruflichen, sprich sportlichen Alltag so hart gegeneinander fighten, sich dennoch aber so gut verstehen. Wenn Ralf seinen Geburtstag feierte und Michael ihm gratulierte, dann konnten alle sehen, wie herzlich, wie innig der Umgang zwischen den beiden Brüdern war und ist. Ein Herz und eine Seele."

Wenn Ralf Schumacher wieder einmal Kerpen besucht, dann schlendert er durchs Städtchen ohne Bodyguard und ohne Rummel. Ein ganz normaler Bürger beim Schaufensterbummel? Günter Schnock versichert: „Ja, ein ganz normaler Kerpener, der natürlich auch zur Kartbahn runter fährt. Er kommt gerne zu uns in die Gaststätte, stellt sich an den Tresen, trinkt seine Cola oder seine Apfelschorle und plaudert mit den Gästen. Ich bin immer wieder angenehm überrascht, welchen Wandel Ralf Schumacher vollzogen hat. Aus ihm ist ein richtig netter, charmanter Kerl geworden. Früher war er nicht gerade ‚pflegeleicht' – bockig, stur, uneinsichtig, manchmal auch verletzend. Das war die Zeit, wo ihn die ständigen Vergleiche mit seinem großen Bruder nervten und wohl auch wehtaten. Oft hat er seinen Gesprächspartner dann einfach stehen lassen und ist wortlos gegangen. Solche Situationen gab es besonders häufig, wenn Ralf einen Schleimer vor sich hatte, der nur an Michael herankommen wollte. Ich konnte diese Reaktionen durchaus verstehen. War Ralf ‚angefressen', dann hat er sich ganz einfach verdrückt."

Einer, der die beiden Schumacher-Brüder über viele Jahre hinweg kritisch begleitet hat, ist Hans Joachim Moers. Seit seinem sechsten Lebensjahr wohnt Moers in Bergheim, seit 30 Jahren schreibt er über den Lokalsport. Der Autor sprach mit dem Journalisten in der Rundschau-Redaktion in Bergheim. Eine Frage mit lokalem Bezug vorab: „Die Schumachers und ihre Heimatstadt Kerpen – kann man darüber fürs Lokale eine Geschichte schreiben?" Moers: „Michael und Ralf haben viel für den positiven Ruf der Stadt getan. Das Image Kerpens als ‚Mekka des deutschen Kartsports' ist durch beide nachhaltig bestätigt worden – ob im Rheinland, in Deutschland oder international. Nachprüfbare wirtschaftliche Vorteile haben sich aus der Tatsache, dass ein Formel-1-Brüderpaar aus unserer Gegend kommt, aber leider kaum ergeben. Der Schumacher-Boom hat sich nicht in einem warmen Geldregen für die Gemeinde niedergeschlagen."

Vier aktuelle deutsche Formel-1-Piloten kommen aus dem Kart-Club Kerpen-Manheim, erinnert sich der Lokalredakteur noch an die Anfänge dieser Sportart? „Ja", sagt Moers und geht in Gedanken vier Jahrzehnte zurück. „Die eigentliche Wiege dieses Sports ist Horrem, die alte Kartbahn des Grafen Berghe von Trips. Der Kart-Club Kerpen war ursprünglich eine Fangemeinschaft, die ‚Rennsportfreunde Wolfgang Graf Berghe von Trips', die auch zu Formel-1-Rennen ihres Idols fuhr. Der Kart sport hat sich im Laufe der folgenden Jahre enorm entwickelt. Am Anfang hatten vor allem die Erwachsenen Spaß an dem neuen Sportgerät. Vor allem die Zwanzig- bis Dreißigjährigen starteten in den so genannten Senioren-Rennen. Später wurden die Kartfahrer immer jünger, Jugendliche und Kinder stürmten in die Clubs und Vereine. Diese Entwicklung hat natürlich auch mit den Erfolgen von Michael Schumacher zu tun. Seine Erfolge wiederum hängen mit der Kartbahn in Manheim zusammen, die lange Zeit als die längste und schönste Bahn Europas galt und heute noch zu den besten Bahnen europaweit zählt."

Als das Ausnahmetalent Michael Schumacher schon internationales Aufsehen durch seine Kart-Erfolge erregte, arbeitete seine Mutter in der Kartbahn-Gaststätte hinter dem Tresen und der Vater im Arbeitsanzug im Motodrom. Die Familie Schumacher war nicht mit Reichtümern gesegnet. Der Sportredakteur hat bei seinen häufigen Besuchen im Motodrom auch erlebt, dass Talent nicht alles ist. Es müssen manchmal auch Sponsoren her. Moers: „Ich kenne den Vater Schumacher nur im Blaumann. Ständig war er auf der Bahn mit irgendwelchen Arbeiten beschäftigt oder schraubte an irgendeinem Kart herum. Rolf Schumacher war technisch ungemein begabt, wahrscheinlich haben die Söhne von ihm dieses Talent geerbt. Aber die Eltern konnte die Kartsport-Ambitionen der beiden – auch wenn sie es gewollt hätten – nicht allein finanzieren (gefördert haben sie die Söhne im Rahmen ihrer Möglichkeiten schon).

Einer der ersten, die den Schumachers geholfen haben, war Kartsport-Händler Gerhard Noack. Er hat den Michael mit rennfähigem Material und mit viel Know How unterstützt. In Vergessenheit gerät auch oft, dass Gert Brandes, Präsident des Kart-Clubs Kerpen-Manheim, Michael ebenfalls auf die Sprünge geholfen hat. Sein Sponsoring hat den Einstieg in den Formel-Sport erst ermöglicht."

Wie oft ist der Sportjournalist Moers in die Manheimer Kiesgrube gefahren, um über „Neues aus dem Hause Schumacher" zu berichten? „Ich war bei fast jedem Rennen dabei", erzählt Moers. „Mich hat damals immer wieder fasziniert, welch unheimlich gutes Gespür Michael für seinen Kart hatte. Egal bei welchem Wetter und bei welcher Bahnbeschaffenheit, er fand immer die Ideallinie. Ralf hatte meiner Meinung nach zwar nicht die gleich große Begabung für das Fahren wie sein Bruder, aber die gleiche Liebe für den Kartsport. Da er mit dem Kart aufgewachsen ist, hat er sich mehr und mehr mit dem Rennsport identifiziert. Dass er dabei tagtäglich die sportliche Entwicklung seines großen Bruders vor Augen hatte, mag noch eine weitere Erklärung für Ralfs späteren Lebensweg sein. Michaels Kart-Erfolge hatten auf den jüngeren Bruder natürlich auch eine gewisse Sogwirkung, die Fußstapfen des Großen waren nicht zu übersehen. Ralf war sicher ein guter Kart-Fahrer. Erst in der Bambini-Klasse und danach bei den Junioren fuhr er immer vorne mit in der Leistungsspitze. Er war unglaublich ehrgeizig, wollte jedes Rennen gewinnen. Er war ein guter Fahrer, aber nicht so talentiert wie Michael. Dies ist meine persönliche Einschätzung."

Als Michael Schumachers weitere Rennsportkarriere in geradlinigen Bahnen verlief und der Aufstieg in die Formel 1 nur noch eine Frage der Zeit war, haben sich nur wenige gewundert. Fachleute aus dem Kart-Club hatten diese Entwicklung schon länger vorhergesagt. Bei Ralf Schumacher war der Weg in die Königsklasse nicht unbedingt so klar vorgezeichnet. Kenner der Rennsportszene bezeichnen das Engagement des jüngeren der Schumacher-Brüder in der Formel-Nippon-Serie 1996 als Wendepunkt in dessen Persönlichkeitsentwicklung. Der

East
Auto Bild
W.T.S.-Team
HLS
Castrol
Chiquita
COAST
KÖNIG
Sitze
East
East
East
KÖNIG
Sitze
Arai
MRC
Arai
SÜNNER
W.T.S.
MRC
daytona

Gewinn der Japanischen Formel-3000-Meisterschaft und der zweite Platz zusammen mit Naoki Hattori in der Japanischen GT-Serie haben viel für das Selbstwertgefühl des Kerpeners getan. Mit den Erfolgen fern der Heimat schien Ralf endgültig auch aus dem Schatten des übermächtigen Bruders herausgetreten zu sein. Die Perspektive, schon ein Jahr später einen Platz in der Formel 1 einnehmen zu können, tat ihr Übriges. Sieht Lokaljournalist Hans Joachim Moers dies genauso? „Mir war es noch nie recht, dass Ralf immer wieder mit Michael verglichen wurde. Er hat sicherlich oft darunter gelitten. Immer wenn er gute Rennen fuhr, wenn er Erfolge hatte, dann wurde gleich die Messlatte angelegt. Und die hieß ‚Michael'. Ich denke, die Erfolge in Japan haben Ralf sehr gut getan. Es ist schön zu sehen, wie positiv er sich inzwischen entwickelt hat. Ralf war ja immer schon spontaner als Michael, nicht so wohlüberlegt, viel offener. Manches Etikett, das ihm die Medien anhängten, stammt aus der Zeit, als er 15, 16 oder 17 Jahre alt war. Viele damalige Äußerungen, Reaktionen oder Auftritte ordne ich heute einfach in die Kategorie ‚Pubertät' ein – vergessen Sie es einfach. Mir gegenüber ist er jedenfalls niemals pampig aufgetreten. Im Gegenteil, ich habe Ralf Schumacher stets als netten, freundlichen jungen Mann erlebt. Wenn ich heute sehe, wie er sich in der Öffentlichkeit gibt und äußert, dann ziehe ich den Hut".

Wie ist es, wenn Ralf Schumacher mal wieder zu Besuch in seine Heimtstadt Kerpen kommt? Hans J. Moers ist selber immer wieder erstaunt: „Wenn Doppel-Weltmeister Michael hier ist, bricht meist eine ‚Schumi-Hysterie' aus. Der kann sich hier nirgendwo mehr unerkannt und frei bewegen. Ralf genießt im Vergleich dazu wohl noch eine Weile die Normalität. Er schlendert durch die Fußgängerzone, trifft Freunde und Bekannte in den gemeinsamen Stammkneipen, setzt sich unbehelligt in die Eisdielen oder isst in Ruhe beim Italiener. Ja, der Michael und der Ralf. Die beiden Brüder mögen sich heiß und innig. Ich weiß, dass der Ältere immer wieder den jüngeren Bruder im Auge behalten hat, um zu helfen, wenn es nötig wurde. Unter Brüdern ist diese Fürsorge leider nicht überall verbreitet."

Firma Bergmeister in Langenfeld, ein Autohaus mit langer Motorsporttradition. Der 80-jährige Wilhelm Bergmeister fuhr vor dem Krieg und in den Nachkriegsjahren Motorradrennen und kannte das damalige deutsche Formel-1-Idol Graf Berghe von Trips noch persönlich. Sohn Willi Bergmeister begründete in den 70er Jahren seinen Ruf als Rennsportlegende auf NSU TT (er wurde u.a. 1974 Deutscher Automobil Bergmeister/Kategorie „Deutscher Berg Pokal" und 1978 Europameister auf der Tourenwagen-Rundstrecke). Als der Großvater vor vielen Jahren seinen Enkeln Jörg und Tim zu Weihnachten Karts schenkte, war die sportliche Erbfolge geregelt: Beide Söhne von Willi Bergmeister sind heute erfolgreiche Rennfahrer und sammeln derzeit Punkte im Porsche-Carrera-Cup und im internationalen Porsche-Super-Cup, einer Veranstaltung im Rahmen der Formel 1. Dort treffen Jörg und Tim Bergmeister dann immer wieder auf alte Bekannte, auf Michael und Ralf Schumacher. Alle vier haben sich in Kerpen-Manheim ihre ersten Sporen im Kart verdient.

Willi Bergmeister berichtet von alten Kartsport-Zeiten: „Jörg und Tim fuhren zunächst mit ihren neuen Geräten stundenlang auf unserem Werkstatthof rum. Aber immer nur auf dem Hof, das war ihnen auf Dauer zu langweilig. So haben wir eines Tages die Bahn in Kerpen-Manheim besucht und haben dort erste richtige Runden gedreht. An diesem Tag haben wir auch die Schumacher-Kinder kennen gelernt. Aus dem anfänglichen Kart-Spaß wurde im Laufe der Saison richtiges Motorsport-Interesse. Michael hat uns viel geholfen und meinen Söhnen immer wieder gute Ratschläge gegeben. Später habe ich dann seinen kleinen Bruder Ralf gesponsert – natürlich auch ein wenig aus Eigennutz und mit dem väterlichen Hintergedanken, meinen Söhnen bei einer Kart-Karriere zu helfen. Jörg, Tim und Ralf Schumacher fuhren nachher gemeinsam im ‚Bambini-Team', ein Projekt des ADAC in Kooperation mit der Zeitschrift Prisma."

Auf die Frage, ob der Kartsport wirklich der ideale Einstieg in den Motorsport sei, meint der frühere Rennfahrer: „Ja, unbedingt. Kartsport ist die beste und die perfekte Ausbildung zum Motorsportler. Bereits in jungen Jahren lernt man, sich im Wettbewerb zu behaupten. Man sammelt einen enormen fahrerischen Erfahrungsschatz und bekommt mit der Zeit das berühmte ‚Feeling' für die Strecke. Einen Kart im Grenzbereich zu fahren ist sehr anstrengend, vor allem, weil die Reaktionszeiten hier sehr kurz sind. Diese Motorsportart ist ungeheuer anspruchsvoll und eine ideale Schulung."

Ralf Schumacher, so ist seiner Vita zu entnehmen, setzte schon in jungen Jahren voll auf eine Karriere im Rennsport und kümmerte sich deswegen auch nicht um eine konventionelle Berufsausbildung. Bruder Michael dagegen entschied sich Mitte der 80er Jahre für den Beruf des Automechanikers. Das erste Lehrjahr absolvierte er 1986 in Darmstadt, fühlte sich dort aber nicht so richtig wohl. Bei einem Besuch in Kerpen bot ihm Werkstattbesitzer Willi Bergmeister an, die Lehre in Langenfeld fortzusetzen. „Michael Schumacher war von 1987 bis 1989 in unserem Unternehmen", erzählt Bergmeister. „In seinem ersten Lehrjahr in Darmstadt in einem kleinen Fiat-Betrieb durfte er nur Öl wechseln und Autos waschen. Das war nicht so ganz in seinem Interesse, zumal er ja auch schon technische Vorkenntnisse aus seiner Kart-Zeit mitbrachte. Bei uns war Michael danach gut aufgehoben und lernte die wirklich wichtigen Dinge, die ein Kfz-Mechaniker braucht."

Zurück zu Ralf Schumacher – wie hat Willi Bergmeister das Kart-Kid in Erinnerung behalten, wie sieht er den Williams-Piloten heute? Bergmeister erinnert sich: „Während andere Jungs in Ralfs Alter nach der Schule und den Hausaufgaben im Dorf spielten, fuhr Ralf am Nachmittag für Gerhard Noack Kart-Motoren ein. Dafür bekam er ein kleines Taschengeld und hatte auch noch seinen Spaß dabei. Später, so ab dem 15. Lebensjahr, machten ihm wohl die Erfolge seines Bruders und die ständigen Vergleiche mit Michael zu schaffen. Der Druck war riesig, wenn der kleine Bruder in ein Rennen startete."

Heute, so sagt Willi Bergmeister, heute habe sich Ralf Schumacher völlig verändert. Zum Positiven. „Viele Kritiker hätten

Gemeinsam in der Formel Junior: Ralf Schumacher (Vordergrund) und Tim Bergmeister, Sohn des früheren Deutschen Automobil Champions.

gewettet, dass er das niemals schafft. Ralf hat viele Leute einfach angenehm überrascht. Das alles hängt wohl damit zusammen, dass er inzwischen als eigenständige Persönlichkeit akzeptiert wird. Seine Erfolge in der Formel Junior, in der Formel 3 oder in der Japanischen Formel 3000 haben zu dieser Abnabelung von Michael beigetragen. Natürlich haben Michael Schumacher und das Management von Willi Weber ihm den Weg in die Königsklasse geebnet, aber seine Leistungen davor haben auch maßgeblich zum ersten Formel-1-Vertrag beigetragen. Mit guten Leistungen hat er sich bislang auch in der höchsten Klasse im Rennsport behaupten können."

Und was sagt der frühere Tourenwagen-Fahrer Bergmeister über die fachlichen Qualitäten des Grand-Prix-Stars Schumacher? Willi Bergmeister zieht eine sportliche Zwischenbilanz:

„Ralf Schumacher gehört sicherlich zu den ganz Guten in der Formel 1. Bisher hat er sich noch gegen jeden Teamkollegen behaupten können, ein untrügerisches Indiz für Klasse. Michael hat meiner Meinung nach noch ein besseres Verständnis für die Technik und kann zusammen mit seinen Ingenieuren mehr aus dem Fahrzeug herausholen. Ralf fehlt da in seinem vierten Formel-1-Jahr wohl noch etwas der Erfahrungsschatz, auf den sein Bruder schon zurückgreifen kann. Aber ich denke, auch Ralf ist auf einem guten Weg. Von seiner Grundschnelligkeit her hat er sicherlich das Zeug, ein Ass zu werden."

Gesucht und gefunden, wie der Deckel auf dem Topf: Gerhard Noack ist es in erster Linie zu verdanken, dass Michael Schumacher auf die Karriereleiter klettern und Jahre später dreimal Formel-1-Weltmeister werden konnte. Der Kart-Händler aus Kerpen gilt als Entdecker und – neben anderen – als Förderer des Ausnahmesportlers. Weil die Familie Schumacher nicht die finanziellen Mittel hatte, um Michael im Kart- und später im Motorsport zu unterstützen, bot Noack zu Beginn der 80er Jahre an, den ältesten Sohn zu betreuen. Schrauber, Sponsor und Ersatzvater: Gerhard Noack war für Michael Schumacher jahrelang alles in einer Person. Ein ähnliches Betreuungsangebot suchte zehn Jahre später auch der kleine Schumacher. Ralfs Mentor wurde 1990 Wolfgang Sassmannshausen. Sassmannshausen arbeitet heute im „Michael Schumacher Kart-Center" in Kerpen-Sindorf. Die Rennen auf der Indoor-Kartbahn ließen ihm nicht viel Zeit, um ausführlich über seinen ehemaligen Schützling und heutigen Freund Ralf zu sprechen. Seine Erinnerungen aber runden das Bild ab von einem Rennfahrer, der aus dem Windschatten seines berühmten Bruders herausfahren konnte und inzwischen die eigene Ideallinie gefunden hat.

Wie war das, als plötzlich der Ralf vor der Tür stand? Wolfgang Sassmannshausen: „Ich habe die Schumachers 1989 hier auf der Bahn kennen gelernt. Damals fuhr ich noch selber Kart und bin Clubmitglied geworden. Michael Schumacher hatte zu dieser Zeit bereits sein Engagement in der Formel 3, sein Bruder Ralf war gerade erst 15 Jahre alt geworden. Eines Tages kam der Junge zu mir und fragte mich, ob ich ihn nicht irgendwie beim Kartsport unterstützen könnte. Die Eltern waren finanziell ja nicht auf Rosen gebettet, und Bruder Michael hatte doch auch einen Sponsor gefunden. Der Kleine war mir schon vor längerer Zeit aufgefallen, weil er erstens gut im Kart war und zweitens unheimlich kess auftrat. Er hat sich nie etwas gefallen lassen und wusste immer genau, was er wollte. Seine ganze Art hat mir damals imponiert."

Die Zusammenarbeit mit Ralf Schumacher umfasst die Kart-Jahre 1991 und 1992 und auch die Anfänge in Ralfs Formel-Zeit. Sassmannshausen meint dazu: „Vorweg muss ich sagen, dass ich die Jahre mit Ralf Schumacher nie bereut habe. Es war so, als hätten wir uns gesucht und gefunden – wie ‚Pott auf Deckel'. Wir sind in all den Zeiten durch dick und dünn gegangen. Der Junge hatte zwar seinen eigenen Kopf, war aber ansonsten liebenswürdig und lustig. Wir hatten viel Spaß zusammen, und im Laufe der Zeit entwickelte sich aus unserer Zusammenarbeit im Motorsport eine intensive Freundschaft."

Was war der wahre Grund für den Entschluss, Ralf Schumacher zu „adoptieren"? „Ich war damals fast Mitte 30", erklärt Ralfs Förderer. „Das ist eigentlich schon ein Alter, wo man das Lenkrad besser in die Ecke stellt. Kartfahren ist ein körperlich harter Sport. Ich hatte in jenen Jahren schon beruflich viel zu tun und keine Zeit mehr für das notwendige Konditionstraining. Ganz aus der Kartsport-Szene verabschieden wollte ich mich aber doch noch nicht. Da war es mir nur recht, den Nachwuchs irgendwie zu unterstützen. Hinzu kam, dass wir damals noch keine eigenen Kinder hatten. Wahrscheinlich war der 14-jährige Ralf für mich und meine Frau auch ein gewisser Sohn-Ersatz."

Die gemeinsame Kart-Zeit von Wolfgang Sassmannshausen und Ralf Schumacher beginnt 1991 mit einem Rennen in Oppenroth um den Junioren-Goldpokal. Ralf gewinnt diesen ersten wichtigen Wettkampf. Parallel dazu startet er auch im Team von Gerhard Noack – dem KSN-Team – in der Deutschen Kart-

Junioren-Meisterschaft. Am Jahresende heißt der neue Deutsche Meister in der Junior-Kart-Serie und im NRW Cup „Ralf Schumacher aus Kerpen". Sassmannshausen – Ralfs Mechaniker, Sponsor und Teamchef – über die zweite Saison mit seinem jungen Fahrer: „In Ralfs Sportbiographie ist nachzulesen, dass er 1992 in der Deutschen Senioren-Kart-Meisterschaft als 15-Jähriger mit Sondergenehmigung den zweiten Platz belegte. Dazu muss man Folgendes wissen: Zu Saisonbeginn hatte das KSN-Team eine klare Stallorder ausgegeben. Ralf sollte die Nummer Zwei sein, der Fahrer Nummer Eins, der schon etliche Jahre in der A-Klasse war, sollte endlich einmal Meister werden. 1992 sollte für Ralf ein reines Lehrjahr werden. Aber es kam anders. Nach ein paar Läufen hatte sich der kleine Schumacher schon auf den zweiten Platz im Gesamtklassement vorgearbeitet. Im letzten Rennen der Saison führte er plötzlich mit zwei Punkten Vorsprung vor seinem Teamgefährten, dem ‚Champion in spe'. Ralf hat sich kurz vor Schluss aber dann doch noch der Stallregie gebeugt und sich über die Vizemeisterschaft gefreut. Mitte des Jahres kam dann vom ADAC Nordrhein das Angebot, im Team Abt in der BMW ADAC Formel Junior zu fahren."

Kann sich Wolfgang Sassmannshausen noch daran erinnern, wann Ralf Schumacher sich erstmals ernsthafte Gedanken über die Formel 1 machte? „Er wollte eigentlich immer Grand-Prix-Pilot werden. Das war sein Ziel, darauf hat er hingearbeitet", bestätigt auch Schumachers Freund. „Das Ticket in die Königsklasse war sein großes Talent, weniger der Name ‚Schumacher'. Der beste Name nützt nichts, wenn die Leistung nicht stimmt. Und was die Frage nach dem talentierteren Fahrer betrifft, die sicherlich gleich noch kommt: Beide Brüder müssten einmal in einem völlig identischen Rennwagen sitzen und gegeneinander fahren, nur dann könnte man eine Antwort geben. Für mich ist Ralf Schumacher auf jeden Fall einer der Formel-1-Fahrer mit der größten sportlichen Zukunft. Nicht umsonst hat er bisher noch alle Teamkollegen in die Schranken verwiesen – bei Jordan Giancarlo Fisichella und Damon Hill, bei BMW-Williams Alessandro Zanardi und jetzt auch Jenson Button."

Ralf Schumacher auf der Kartbahn in Kerpen-Manheim 1992.

Als Ralf Schumacher 1996 in der Japanischen Formel 3000 fuhr, besuchte ihn der alte Freund aus Kerpen. Sassmannshausen: „Ich blieb zwei Wochen in Japan und habe mir sein Team genau angesehen. Das Budget war nicht groß und die Chancen auf den Nippon-Meistertitel waren eher bescheiden. Ralf fuhr aber phantastische Rennen und hat sich allein dadurch den Platz in einem Formel-1-Auto redlich verdient. Eddie Jordan sah dies nach der japanischen Formel-3000-Serie wohl genauso und hat ihm den ersten Formel-1-Vertrag angeboten."

ralf schumacher

Die Kartsport-Jahre

1991

1. Platz NRW Kart-Pokal
1. Platz Kart Gold-Cup
1. Platz Deutsche Kart-Junior-Meisterschaft

1992

2. Platz Deutsche Kart-Meisterschaft

2. Platz im ersten Autorennen,
BMW ADAC Formel Junior, Norisring

Auf der Formel-Leiter

Was die BILD-Redakteure Karl-Heinz Bremen und Carlos Murphy 1992 ihren Lesern mitteilten, hörte sich an wie eine sichere Option auf eine goldene deutsche Formel-1-Zukunft. „Schumacher, Zauberer am Lenkrad – und der kleine Bruder wird noch besser", lautete am 3. März die Schlagzeile. Michael Schumacher fuhr gerade in seinem zweiten Grand-Prix-Jahr bei Benetton-Ford, Ralf war gerade erst einmal 16 Jahre alt. Der Formel-1-Pilot überraschte BILD und seine Leser mit der Prognose: „Ralf kann noch besser werden als ich". Während der große Bruder mit der Presse sprach, hielt „der Kleine" in Kerpen-Manheim gerade eisern an seinem Vorsatz fest, gezielt abzuspecken. Das Boulevardblatt stellte Ralf so vor: „Er misst 1,74 Meter – wie der Bruder. Mit Mineralwasser und Vollwertkost hungert er sich von 82 auf dessen 69 Kilo herunter." Ein Foto zeigt Ralf mit seiner Mutter Elisabeth. Dazu der Bildtext: „Der 16-Jährige fährt Go-Kart-Rennen. Im Winterpokal schnitt er besser ab als der große Bruder im gleichen Alter."

Knapp acht Monate später machte der Kölner Express die rheinischen Leser auf ein Familienproblem in Kerpen aufmerksam. Sehr zur Freude der Presse schien sich dort im Hause Schumacher ein schlagzeilenträchtiger Konfliktstoff aufzubauen. „Ralf Schumacher, der Bruder des Formel-1-Stars, bekennt: Michaels Erfolge belasten mich – Vater sorgt dafür, dass der 17-Jährige nicht abhebt."

Was sich in den Monaten, die zwischen diesen beiden Zeitungsartikel liegen, wirklich abspielte, schilderte in jenem Jahr Dokumentarfilmer Dieter Oeckl. Nachdem Ralf Schumacher kurz nach seinem 17. Geburtstag auf dem Norisring in der ADAC Formel Junior debütiert hatte und dabei auf Anhieb Zweiter geworden war, hatten Oeckl und sein Team den Nachwuchsfahrer bis zum Ende der Saison mit der Kamera begleitet. Der Film „Dem großen Bruder hinterher? Ralf Schumacher gibt Gas" zeigte, dass die Wahrheit meist in der Mitte liegt – in diesem Fall zwischen BILD und Express. Ralf Schumacher war weder der Überflieger noch der Verzweifelte.

Am 23. Juni 1992 hatte zunächst die Sportabteilung des ADAC Nordrhein in Köln mit Ralf Schumacher und dessen Vater Ralf eine Vereinbarung getroffen. Darin hieß es: „Der ADAC Nordrhein stellt Herrn Ralf Schumacher für das Rennen der ADAC Formel Junior auf dem Norisring am 26./ 27. Juni 1992, ein Fahrzeug der Formel Junior zu Verfügung. Hierin sind Wartung, Transportkosten, rennbedingte Schäden, Betriebsmittel und Verbrauchsstoffe enthalten. Das Engagement des ADAC Nordrhein erfolgt im Rahmen der Nachwuchsförderung und die Bewerbung zum Wettbewerb erfolgt unter ADAC Nordrhein Junior Team". Mitte September drehte Oeckl dann beim Siegerland-Flugplatzrennen. Er moderierte an: „Die Nachwuchsformel Junior vor ihrem letzten Lauf der Saison. Ein Junge hat hier in den letzten Monaten von sich reden gemacht, dessen Name einem ohnehin seit einem Jahr in den Ohren klingt. Ralf Schumacher, der Bruder des Formel-1-Stars Michael ist der Senkrechtstarter der Saison. Der 17-Jährige Ralf Schumacher hat eine recht erfolgreiche Kart-Karriere hinter sich. Er war Lokalmatador auf der heimischen Kartbahn in Kerpen, Gewinner des Nordrhein-Westfalen-Cups und deutscher Vizemeister 1991. Zur Halbzeit, erst im Sommer, war er in die Formel Junior umgestiegen und gleich vorne mit dabei. Obwohl er nur fünf von neun Rennen mitfuhr, steht er auf Platz sechs in der Gesamtwertung. Er hat sich viel vorgenommen. Willi Weber, der auch seinen Bruder Michael unter Vertrag hat, wird sein Manager. Sponsor-Gelder sind gesichert und damit auch die nächste Saison".

Dieter Oeckl interviewte vor dem Endlauf am nächsten Tag Ralfs Teamchef Kurt Gewinnus und einige Konkurrenten. Gewinnus berichtete: „Ralf ist vor dem Rennen am Norisring zu uns gestoßen. Wir hatten vorher noch einen Test auf dem Nürburgring absolviert und sind dann anschließend sofort zum Norisring gefahren. Dort hat er seinen ersten Einsatz gehabt, der sehr erfolgreich für ihn war. Er wurde Zweiter." Frage Oeckl:

ADAC

ADAC · Postfach 510540 · 5000 Köln 51

V E R E I N B A R U N G

zwischen

ADAC Nordrhein
Sportabteilung
Luxemburgerstr. 169
5000 Köln 41

und

Herrn
Ralf Schumacher
Steinheide 2
5014 Kerpen-Manheim

Der ADAC Nordrhein stellt Herrn Ralf Schumacher für das Rennen der ADAC Formel Junior auf dem Norisring, 26./27. Juni 1992, ein Fahrzeug der Formel Junior zur Verfügung. Hierin sind Wartung, Transportkosten, rennbedingte Schäden, Betriebsmittel und Verbrauchsstoffe eingeschlossen.

Das Engagement des ADAC Nordrhein erfolgt im Rahmen der Nachwuchsförderung und die Bewerbung zum Wettbewerb erfolgt unter " ADAC Nordrhein Junior Team ".
Herr Ralf Schumacher ist sich bewußt, daß er sein Auftreten und sein äußeres Erscheinungsbild so auszurichten hat, daß er dem Anspruch des ADAC gerecht wird.
Die von der ADAC Formel Junior geforderten Sponsoraufnäher sind stets am Fahreranzug deutlich sichtbar zu tragen. Desgleichen das Logo des ADAC Nordrhein. Der Fahreranzug wird vom ADAC Nordrhein zur Verfügung gestellt.

Herr Ralf Schumacher oder sonstige Anspruchsberechtigte können aus der Gestellung des Fahrzeugs und/oder der Bewerbung des ADAC Nordrhein keinerlei Haftungsansprüche gegenüber dem ADAC Nordrhein und dessen ehren- oder hauptamtlich Tätigen geltend machen.

Der Fahrer haftet für grob fahrlässig oder vorsätzlich herbeigeführte Schäden am Fahrzeug.

Köln, 23. Juni 1992

ADAC Nordrhein W. Drumm

Ralf Schumacher

Rolf Schumacher

Besucher
Luxemburger Straße 169
5000 Köln 41 (Sülz)
Mo.-Fr. 9.00-18.00 Uhr
Sa. 9.00-12.30 Uhr

Postanschrift
ADAC Nordrhein
Postfach 510540
5000 Köln 51

Telefon
täglich von 7.00-22.00 Uhr
auch an Sonn- und Feiertagen
0221/472747
Telefax
0221/4727452

Besucher
ADAC-Parkdeck
Luxemburger Straße 169
Personennahverkehr
Straßenbahn-Linien 17/18/19
Haltestelle Weisshausstraße

„Bekommt Ralf auch schon die Kehrseite seines prominenten Namens zu spüren?“ Gewinnus: „Ich glaube, dass er die sehr stark zu spüren bekommt. Teilweise über die Presse, die Ralf natürlich mit seinem großen Bruder vergleicht und die Erfolge abzählt – ‚nur‘ einen vierten Platz oder ‚nur‘ einen zweiten Platz und so. Ich glaube, das Wörtchen ‚nur‘ sollte man streichen. Es ist unheimlich schwer für Ralf, weil er Schumacher heißt. Meier wäre vielleicht besser.“ Oeckl hakte nach: „Hat der Ralf Schumacher es auch leichter in seiner Sportkarriere, weil er Schumacher heißt?“ Teamchef Gewinnus: „Das glaube ich nicht. Die Fahrer müssen schon zeigen, was sie können. Besonders der Ralf muss es erst noch zeigen – sein Bruder Michael hat es ja schon geschafft. Ich schätze, Ralf hat es genauso schwer wie ein anderer Fahrer, auf der anderen Seite aber auch einfacher, weil sein Bruder in der Formel 1 ist. Wir haben einen größeren Schritt zu machen als der Michael.“

Junior-Fahrer Sandy Grau meinte später im Gespräch mit dem Kölner Filmemacher: „Ich glaube, dass der Ralf Schumacher es eigentlich schwerer hat als die anderen Fahrer, weil er mit Michael verglichen wird. Wenn der Ralf Fehler macht, werden die sicherlich eher registriert. Aber es ist auch ein Vorteil, wenn man Schumacher heißt.“ Und Junior-Fahrer Tim Bergmeister ergänzte: „Ralf hat es nicht unbedingt leicht, er muss schon gut fahren. Aber er hat sicherlich Vorteile in der Sponsoren-Suche, weil sein Bruder Michael halt einen guten Namen hat. Der Ralf heißt eben auch Schumacher und hat dadurch bereits eine große Hilfe. Natürlich steht er auch immer unter Erfolgsdruck. Immer wenn er mal nicht unter den ersten drei ist, heißt es: ’Aus dem wird eh nichts.‘ Aber man kann doch nicht immer vorne fahren.“

Die Anfang der 90er Jahre vom ADAC initiierte Nachwuchsformel Junior ist die ideale Schule für Talente. Die kleinen Renner bestehen aus einem einheitlichen Chassis, das in seiner Auslegung als Monocoque (aus Kohlenfaserverbundstoffen) auch höchsten Sicherheitsanforderungen entspricht. Ausgestattet sind die Fahrzeuge mit einem Vierzylinder-BMW-Motorradmotor aus der K1-Reihe. Den Piloten verlangen die Junior-Monoposti eine präzise Fahrweise ab und sind ideal

zum Lernen. Der 1000-ccm-Motor hat 100 PS und bringt 230 Stundenkilometer. Sandy Grau, der bereits vorzeitig als Meister feststand, gewann auch das letzte Rennen, das Siegerland-Flugplatzrennen. Ralf Schumacher sicherte sich 1992 in der BMW ADAC Formel Junior immerhin noch Platz Fünf, obwohl er erst zur Halbzeit der Serie ins Renngeschehen eingegriffen hatte.

Dieter Oeckl zog gemeinsam mit Ralf Schumacher nach dem Flugplatzrennen eine erste Bilanz. Oeckl: „Ralf, zufrieden?“ Schumacher: „Ja, sehr zufrieden. Es hat zwar zunächst nicht so ausgesehen, aber es hat noch sehr gut geklappt. Wir hatten von Anfang an sehr viel Glück und eine sehr gute Zusammenarbeit. Ich hatte ein super Auto von ‚Gewinnus Motorsport‘ zur Verfügung gestellt bekommen, man kann gut mit den Schraubern zusammenarbeiten, und ich denke, das ist der Weg zum

Erfolg.“ Oeckl: „Du hattest ja Mitte der Saison den Sprung vom Kart in die Formel Junior gemacht. Wie kam das?“ Schumacher: „Ich hatte ein Angebot vom ADAC-Nordrhein bekommen, auf dem Norisring einen Junior zu fahren. Das hat dann so gut geklappt, dass wir uns gedacht haben, wir fahren Junior weiter und lassen das Kartfahren weg.“ Oeckl: „Und dann hast du auch gleich einen Sponsoren und einen Manager gefunden?“ Schumacher: „Manager ist der Herr Weber. Der hat mir auch die Sponsoren besorgt. Ich bin sehr glücklich darüber, dass ich den habe, weil ohne ihn würde es nicht gehen.“ Oeckl: „Bist du bei ihm unter Vertrag, weil du Schumacher heißt?“ Ralf Schumacher: „Ich glaube nicht. Ich denke einfach, er hat mich auch fahren sehen und ich glaube, er ist von mir überzeugt. Ich weiß es nicht so genau.“

In ihrem Jahresrückblick für 1992 würdigte die deutsche Motorsport-Presse auch die Leistungen des Nachwuchses in der Formel Junior und hier besonders das couragierte Auftreten von Ralf Schumacher, der bis vor kurzem noch im Kart gesessen hatte. Der Endstand in der Junior-Klasse nach zehn Läufen (Schumacher hatte sein Debüt erst im Sommer zur Halbzeit der Serie gegeben und nur sechs Rennen bestritten):

Nr. 1 Jan. 1993
rallye racing
rennsport - test - tunin

ADAC-Formel Junior

Sandy Grau

Eine Klasse für sich war der erst 19jährige Alexander „Sandy“ Grau in der ADAC-Formel Junior. Der Kfz-Mechaniker stand bereits nach sieben von zehn Läufen als Meister fest. Für Aufsehen sorgte das erfolgreiche Debüt von Ralf Schumacher.

1. Sandy Grau
2. Andreas Reiter
3. Andreas Schüssler
4. Timo Kluck
5. Patrick Schmitz
6. Ralf Schumacher

Auch beim ADAC erinnert man sich noch gut an den Kart- und späteren Formel-Junior-Piloten Ralf Schumacher.

Wolfgang Leufgens ist seit fast zwei Jahrzehnten beim ADAC Nordrhein in Köln. Vor elf Jahren hatte er als Sachbearbeiter erstmals mit Kartsport zu tun, im Laufe der Jahre wurde daraus dann ein beruflicher Schwerpunkt. Wolfgang Drumm, beim ADAC Nordrhein „Leiter Sport und Ortsclubs“, sagt heute scherzhaft, aber nicht ohne Anerkennung über seinen Kollegen Leufgens: „Er ist unser Kart-Papst“.

Ayrton Senna, Mika Häkkinen, Alain Prost, Nelson Piquet, Heinz-Harald Frentzen und die Schumacher-Brüder: Sie alle haben den Grundstein für ihre späteren Formel-1-Erfolge in jungen Jahren im Kart gelegt. Inzwischen ist aus dem oft belächelten „Kinderspielzeug“ eine ausgewachsene Motorsportdisziplin mit eigener Weltmeisterschaft geworden. Der ADAC hilft interessierten Jugendlichen bei ihrer Premiere im kleinen schnellen Sportgerät, die ADAC-Gaue mit ihren Sportabteilungen begleiten die Bambini, Kadetten und Junioren durch die verschiedenen Kart-Klassen, Top-Fahrer erhalten in einer der ADAC-Kart-Schulen ihren Feinschliff.

Ähnlich war es auch im Fall von Ralf Schumacher. Wolfgang Leufgens, der die Kart-Junioren aus seinem Bereich Nordrhein betreut: „Der ADAC pickt sich aus der Kart-Schule, dem letzten Lehrgang mit den Besten, immer mal wieder einen Fahrer für die weitere Förderung heraus. Auch ein Ralf Schumacher gehörte 1990 im Bereich Nordrhein dazu.“ 1990 startete der jüngere der Schumacher-Brüder seine Karriere als Fahrer in der Junior-Klasse. „Eine reine Rennkart-Klasse“, erklärt Leufgens, der im Laufe der Jahre ein absolut sicheres Auge für Talente mit Zukunft entwickelt hat. Wie alle anderen Heißsporne wollte auch Ralf damals schon in der ersten Runde sein Rennen gewinnen, der ADAC-Betreuer musste auch ihn zunächst erst einmal auf den Boden der Tatsachen zurückholen. „Das funktionierte nun mal nicht. Ralf war am Anfang im Kart nicht schlecht, aber er war auch nicht der Überflieger. Erst im Laufe der Zeit entwickelte er sich immer mehr zu einem Spitzenfahrer.“

Nachwuchsförderung: Der ADAC Nordrhein hatte Ende der 80-er Jahre auch das Kerpener Talent Ralf Schumacher registriert. Sein Passbild und eine frühe Kart-Aufnahme schlummern noch heute in Köln im Archiv der Sportabteilung.

Den weiteren Weg des Kerpeners über die Formel Junior bis hin zur Formel 1 hat Leufgens aufmerksam verfolgt. Kam der steile Aufstieg von Ralf Schumacher in die Königsklasse für ihn überraschend? Leufgens: „Ralf Schumacher hat den Weg sehr schnell zurückgelegt, andere tun sich wahnsinnig schwer – wenn man bedenkt, wie lange ein Nick Heidfeld bis ganz nach oben brauchte, und wie rasch Ralf das F-1-Debüt gelang. Ich glaube, Ralf Schumacher hat schon in der Formel Junior in Willi Weber den richtigen Mentor gefunden. Weber hat ihm die Strickleiter gehalten."

Sponsor und Mentor Willi Weber, sein Grundsatz – nachzulesen auf der Homepage des Unternehmens – lautet: „Ich bin dann erfolgreich, wenn andere durch mich Erfolg haben". Weiter heißt es: „Ich habe früh an Michael geglaubt und später auch erkannt, dass Ralf ein vergleichbares Talent hat". Über das Thema „Talent und Erfolg, Ralf Schumacher und Willi Weber" sagt Leufgens: „Ich denke, schon in der Formel Junior hat das Management Weber mehr oder minder die schützende Hand über Ralf gehalten. Von absolutem Vorteil war auch der Name ‚Schumacher', der doch die ein oder andere entscheidende Tür schneller aufgestoßen hat. Wenn ich einen Bruder habe, der bereits zweimal Formel-1-Weltmeister war, dann kann ich davon nur profitieren. Ich kann von ihm in vielerlei Hinsicht lernen, ich kann mich an die Hand nehmen und von ihm führen lassen. Das ist doch nur legitim, und ich meine dies auch nur

Rummel um die Schumacher-Brüder: Michael und Ralf (links) nahmen im Dezember 1992 in Kerpen-Manheim am „Winterpokal" ihres Kart-Clubs teil. Michael fuhr bereits Formel 1, Ralf in der Formel Junior.

in positivem Sinne. Ralf konnte aus Michaels Erfahrungsschatz Gewinn ziehen und vielleicht auch deshalb früh schon mit dem einen oder anderen namhaften Sponsor aufwarten."

Auch Wolfgang Leufgens hat anfangs mit der Persönlichkeit seines Schützlings leichte Probleme gehabt. „Ralf war ein Wildfang", erinnert sich der ADAC-Mitarbeiter. „Man musste ihn manchmal mit der Nase draufstoßen, dass es so nicht geht. Irgendwann machte es dann bei Ralf ‚Klick' und er begriff. Vor einem Formel-Junior-Rennen am Nürburgring beispielsweise wollte ihn einmal ein Journalist sprechen. Ralf saß in seinem

Zelt, hochkonzentriert. Er ließ den Journalisten fürchterlich abblitzen, vergaß dabei aber, dass er auch den Medien gegenüber gewisse Verpflichtungen hat. Ich habe ihm den Kopf gewaschen und erklärt, man könne auch anders mit der Presse umgehen. Er hat sich dann bei dem Mann entschuldigt und ihm ein Interview nach dem Rennen versprochen. Ralf Schumacher hat nach unserem Gespräch auch eingesehen, dass er in den Farben des ADAC Junior-Teams auftritt und schon deshalb für eine gute PR verantwortlich ist".

Wolfgang Drumm vom ADAC Nordrhein wundert sich über keinen Besucher, und sei er auch noch so prominent. „Viele Piloten schauen einfach bei uns in der Luxemburger Straße vorbei, wenn sie in Köln sind." Der Vater des Rennfahrers Rolf Stommelen beispielsweise wohnt in der Kölner Südstadt und lässt sich mindestens einmal im Jahr sehen. „Er fragt immer scherzhaft, ob der Siegerpokal seines Sohnes auch gut geputzt wird", schmunzelt Drumm. Eines Tages stand Michael Schumacher in seinem Büro. Der Fahrer mit der Formel-1-Superlizenz brauchte für eine Motorsportveranstaltung in Frankreich dringend eine Kart-Berechtigung. Drumm kümmerte sich um die Angelegenheit und lud Michael noch zu einer Tasse Kaffee ein. Irgendwann kam das Gespräch auch auf Michaels Bruder Ralf und die Fördermaßnahmen des ADAC. Monate später, am 23. Juni 1992, hatte der Leiter „Sport und Ortsclubs" wieder Besuch aus Kerpen. Ralf und Vater Rolf Schumacher unterzeichneten an diesem Tag eine Vereinbarung mit der Sportabteilung des ADAC Nordrhein. Ralf sollte für das Formel-Rennen auf dem Norisring einen Junior erhalten und erstmals „Formel-Luft" schnuppern.

Drumm erinnert sich noch an die Unterhaltung mit Bruder Michael. „Mit ihm habe ich erstmalig Details erörtert – beispielsweise, wer für Schäden aufkommt, wenn Ralf die Karre rausschmeißt. Danach habe ich Michael noch einmal den Standpunkt des ADAC in der Nachwuchsförderung erläutert. Er war sichtlich erstaunt, dass wir keine kommerziellen Interessen verfolgen. Irgendwie schienen ihm unsere Non-profit-Förderrichtlinien sogar ein wenig suspekt.“ Der ADAC Nordrhein hat Ralf Schumacher übrigens nicht wegen der Erfolge des großen Bruders ins Förderprogramm aufgenommen. Bei einem Sichtungslehrgang für die Formel Junior stellte sich heraus, dass der jüngere der beiden Schumacher-Brüder einfach das notwendige Talent für den Motorsport mitbrachte. „Ralf, damals ungefähr 16 Jahre alt, war beim Lehrgang einer der Besten“, sagt Drumm. „Aber es gab noch einen anderen Fahrer, der gut war. Nur zu jung, knapp 14 Jahre alt. Den Jungen haben wir als Anerkennung für seine hervorragende Kart-Saison einmal in einem Formel-Wagen fahren lassen. Vorher mussten wir aber noch Schaumstoffpolster einbauen, damit er überhaupt an die Pedale kam. Der Junge war Nick Heidfeld. Er und Ralf Schumacher waren damals die besten in den Jahrgängen.“

Das Jahr 1992 hat Sportsekretär Drumm noch in bester Erinnerung. „Bruder Michael hatte sich ja schon einen Namen gemacht – er war Kart-Europameister 1987, 1988 Formel-König-Meister, 1990 Deutscher Formel-3-Meister, seit 1991 Formel-1-Pilot bei Benetton. Das alles hatte auch Auswirkungen auf Ralfs Motorsportambitionen. Es war 1992 für ihn keine leichte Zeit – gerade einmal 17 Jahre alt, im Schatten eines berühmten Bruders. Die Presse hatte ihn fest im Visier. Sie schrieb den kleinen Bruder groß und hatte irgendwie auch schon eine perverse Lust daran, ihn eines Tages niederzumachen. Viele haben damals gesagt, Ralf sei nur ein Trittbrettfahrer und profitiere vom Erfolg des Älteren. Viele warfen ihm vor, ein arroganter Schnösel zu sein. Einige Ehrenamtliche beim ADAC waren sogar gegen ein Formel-Junior-Engagement: ‚Ihr wollt euch an ihn dranhängen, nur weil der Schumacher heißt‘, meinten sie. Wäre es nach diesen Stimmen gegangen, wäre Ralf Schumacher niemals in der Junior-Förderung gelandet.“ Aber Wolfgang Drumm und seine Mitarbeiter von der Sportabteilung hatten das Kerpener Nachwuchstalent vor einer Vertragsunterzeichnung genau unter die Lupe genommen. Es gab Gespräche mit Ralf, man studierte ihn bei Rennen, den Ausschlag gab der Sichtungslehrgang. Danach entschieden sich die Kölner für Ralf. „Unsere Beobachtungen waren positiv. Und es ging uns ja in erster Linie um seine Leistungen als Fahrer. Wir waren der Meinung, man müsste Ralf auch einfach Zeit und einen Vertrauensbonus geben", meint Drumm.

In der Vereinbarung zwischen dem ADAC Nordrhein und den Schumachers gab es den Passus „Herr Ralf Schumacher … ist sich bewusst, dass er sein Auftreten und sein äußeres Erscheinungsbild so auszurichten hat, dass er dem Anspruch des ADAC gerecht wird". Ein maßgeschneiderter Passus? Drumm verneint: „Das steht so in allen unseren vertraglichen Vereinbarungen. Natürlich legt der ADAC bei seinen Nachwuchsfahrern Wert darauf, dass nicht nur ihre körperliche Fitness, sondern auch ihr Verhalten in der Öffentlichkeit stimmt. Die Sporthochschule Köln schult unsere Fahrer in beiden Bereichen. Und natürlich sagen wir den Jungs auch selber, bohrt beim Interview nicht in der Nase, tragt vor der Kamera saubere Rennklamotten. Bei Ralf haben wir uns derartige Hinweise sparen können, er konnte sich schon sehr gut präsentieren."

In angenehmer Erinnerung ist dem ADAC-Verantwortlichen auch noch ein anderer Wesenszug des jungen Schumacher geblieben. „Ralf war ein akribischer Arbeiter. Wenn ihm etwas am Fahrzeug auffiel, hat er es sofort angesprochen: ‚Das Ding ist hinten zu weich eingestellt', oder ‚Irgendwie fühlt sich der Junior beim Bremsen flattrig an'. Außenstehende haben seine Kritik oft als Schnöselhaftigkeit abgetan. Ein Fahrer muss aber egoistisch sein und so lange am Fahrzeug oder an der Abstimmung rummäkeln, bis alles stimmt. Ralf hat das perfekt gemacht, ich fand das ausgezeichnet. Und das hatte gar nichts mit Überheblichkeit oder Schnöselhaftigkeit zu tun." Ein kleiner Gradmesser für die seelische Beschaffenheit eines Newcomers im Formel-Geschäft ist auch der Augenblick, wenn es um den Sitz geht. Drumm: „Jeder Sitz wird der Körperkontur seines Fahrers angepasst. Man nimmt einen Plastiksack, füllt ihn mit Montageschaum und stellt ihn ins Fahrzeug. Der Fahrer setzt sich drauf, sucht seine ideale Position und wartet ab, bis der Schaum hart ist. Später wird vom Körperabdruck der Karbonschalensitz für ihn gefertigt. Viele Nachwuchsfahrer sind

Nach einer erfolgreichen Kartkarriere in die Formel Junior: Ralf Schumacher im Rennwagen des ADAC Nordrhein.

Die ADAC-Junior-Fahrzeuge zwingen die Piloten zu einer präzisen Fahrweise und sind ideal zum Lernen: 1993 wurde Ralf Schumacher in der Serie deutscher Vizemeister.

froh, überhaupt ein Formel-Fahrzeug zu bekommen. Auch wenn ihr Sitz nicht optimal ist, sind sie einfach still. Nur nicht rummeckern. Ralf war da ganz anders. ‚Nein, das passt so nicht, lasst uns die ganze Sache nochmal wiederholen', hat er bei der Sitz-Anprobe gefordert."

Woher hat Michaels Bruder dieses Fingerspitzengefühl für Technik und Material? „Das ist in erster Linie Begabung", meint Drumm. „Am Kart und am Formel Junior kann man als Fahrer technisch eigentlich wenig verändern. Eine hervorragende Schule für die Abstimmung ist da schon die Formel 3. Hier bekommt der Pilot eine fundierte Ausbildung mit. Entscheidend in dieser Phase seiner Motorsportkarriere ist auch der Formel-3-Teammanager, der das Optimale aus dem Potenzial seines Fahrers herauskitzeln kann. Im Falle von Ralf war es unter anderem auch Kurt Gewinnus, damals Technischer Betreuer der ADAC-Nordrhein-Fahrzeuge, der ihn geformt hat."

Wolfgang Drumm hat durch seine jahrelange Arbeit in der ADAC-Sportabteilung ein untrügliches Gefühl für Karriereentwicklungen bekommen. Schon oft konnte er vorhersagen, welchen Weg ein Talent gehen würde. Geht es in die Formel 1, oder doch eher zu den Tourenwagen? Was gehört zu einem guten Formel-1-Piloten? Drumm überlegt kurz: „Eine schwierige Frage. Natürlich haben die Spitzenleute in der Formel 1 alle eine besondere Begabung mitgebracht oder im Laufe der Zeit entwickelt. Was aber die absolute Spitze auszeichnet, ist das so genannte ‚Arschbackengefühl'. Das ist eine Gottesgabe. Ein Walter Röhrl zum Beispiel, der auch im Grenzbereich fährt, hätte bei einer anderen Körpergröße mit Sicherheit auch in der Formel 1 Schlagzeilen gemacht. Und was einen Formel-1-Mann noch auszeichnet, ist der unbeugsame Wille, am Material, am Team und an sich selber hart zu arbeiten. Man könnte dies als positiven Egoismus bezeichnen. Dieser zielgerichtete Egoismus hat nichts damit zu tun, dass man mit aller Macht Eigeninteressen durchsetzen will. Es hat zu tun mit der festen Überzeugung, so – und nur so – für sich und alle anderen das Beste erreichen zu können. Diese Art von positivem Egoismus ist ein schmaler Grat. Nicht wenige bezeichnen ein solches Verhalten geringschätzig als Egozentrik. Einen Formel-1-Fahrer, der noch jede Menge Zeit im Qualifying hätte, aber schon nach kurzer Zeit an die Box fährt und sagt ‚das reicht, optimal, mehr geht nicht', den kann ich nur bewundern. Das ist positiver Egoismus pur, andere würde sagen: der Gipfel an Arroganz." Würde er Ralf Schumacher zu den „positiven Egoisten" zählen? Drumm nickt sofort: „Auf jeden Fall. Ralf Schumacher hat diesen berühmt-berüchtigten Biss von Jean Alesi. Aber er hat den Biss perfektioniert, kultiviert. Er wendet ihn nicht an, wenn es für das Gesamtergebnis schädlich sein könnte. Allerdings beißt Ralf im Rennen auch sofort zu, wenn sich ein Kontrahent eine Blöße gibt oder auch nur der Hauch einer Chance entsteht, voranzukommen."

Traut Wolfgang Drumm seinem früheren Protégé Ralf Schumacher bald auch einen WM-Titel zu – etwa mit dem Formel-1-Team BMW Williams? Drumm: „Es ist unheimlich eng geworden in der Formel 1. BMW Williams hätte schon das Potenzial für den Titel. Aber es müssen auch noch viele Erfolgsfaktoren zusammenkommen – das Fahrzeug, der Motor, das technische Umfeld, die Crew, die Piloten. Ralf hat den Speed und auch die Konstanz, seinen Teil zum großen Erfolg beizutragen. Dass er die Entwicklung bei BMW Williams positiv beeinflussen kann, hat er ja schon mehrfach bewiesen. Welchen Anteil er aber am dritten Rang seines Arbeitgebers in der Konstrukteurswertung der Saison 2000 genau hat, das vermag ich als Außenstehender nicht zu beurteilen."

Abschließend auch die obligatorische Frage an den Sportsekretär beim ADAC Nordrhein – „was für ein Typ ist Ralf Schumacher?" „Er ist auf keinen Fall der Typ, der den Karnevalsprinz machen würde", lacht Wolfgang Drumm. Dann überlegt er etwas länger, wandert mit seinen Augen nachdenklich durch den Raum. „Es ist schon so lange her", meint Drumm leise. „Ich bin mir nicht ganz sicher, ob Ralf nicht schon als 16- oder 17-Jähriger einen dicken Schutzwall um sich herum aufgebaut hatte. Der erfolgreiche Bruder, die Öffentlichkeit, das kritische Alter – ich vermute schwer, diesen Schutzwall gab es damals schon. Dahinter hat er sich zurückgezogen, hat eine ‚Nach-mir-die-Sintflut-Mentalität' an den Tag gelegt. Ich glaube, er war sehr misstrauisch hinter seinem Wall. Besonders die Medien haben Ralf in seinen jungen Jahren ja oft übel mitgespielt. Das blöde Etikett ‚Schumi Zwei' gehörte zu diesem unschönen Spiel."

Auftakt zur Formel-Junior-Saison 1993 – das Magazin rallye racing war dabei: „Den besten Start erwischt Ralf Schumacher gefolgt von Stefan Müller. Aber noch in Verlauf der ersten Runde übernimmt Patrick Schmitz die Führung und hält diese Position bis ins Ziel. Für das 12-Runden-Rennen braucht Schmitz 22.08,81 Minuten – ein überlegener Sieg bei diesem ersten Junior-Meisterschaftslauf 1993. Um den zweiten Platz entbrennt ein spannender Kampf zwischen Ralf Schumacher, Stefan Müller und Johan Stureson. Schumacher kann sämtliche Attacken von Stureson abwehren und sich den zweiten Platz sichern, Müller wird Vierter." Das Endergebnis an diesem Tag: 1. Patrick Schmitz, 2. Ralf Schumacher, 3. Johan Stureson, 4. Stefan Müller, 5. Wolf Henzler, 6. Ralf Kalaschek, 7. Ronnie Melkus, 8. Katja I. Müller. Volker Sitzler, der damals für rallye racing über die Formel Junior berichtete, schrieb nach dem Rennen: „Damit lagen schon beim ersten Meisterschaftslauf die Favoriten vorne, und der weitere Verlauf der Saison wird zeigen, ob dies auch so bleibt."

Die Vorjahres-Serie um die Formel-Junior-Meisterschaft stand ganz im Zeichen eines einzigen Fahrers: Sandy Grau. Die Saison 1993 sollte von einem Duo dominiert werden: Ralf Schumacher und Ralf Kalaschek. Beide diktierten eindeutig das Renngeschehen in dieser Nachwuchsveranstaltung, vor allem in der zweiten Saisonhälfte. Schumacher und Kalaschek, beide in ihrem zweiten Formel-Junior-Jahr, lieferten sich ab dem Sommer '93 ein packendes Duell an der Spitze, das erst im letzten Lauf endgültig entschieden werden sollte.

In einem ADAC-Beitrag aus dem Jahr 1993 heißt es über das spannende Kopf-an-Kopf-Rennen der beiden Talente: „Dass der Vorsprung des Formel-Junior-Meisters Ralf Kalaschek dann am Ende doch noch deutlicher ausgefallen ist, als es zunächst den Anschein hatte, war wohl reine Nervensache. Und in Sachen Nerven leistete sich Schumacher den wohl entscheidenden Lapsus der Saison. Es passierte beim vorletzten Lauf auf dem neuen Flugplatzkurs in Ahlhorn. Ralf Schumacher, vor diesem Rennen nur zwei Punkte hinter Kalaschek zurück, ließ sich zu einem Frühstart hinreißen, der ihm eine Zehn-Sekunden-Strafe einbrachte, die er noch dazu in der Boxenstraße ‚absitzen' musste. Diesen Zeitverlust konnte ‚Schumi II' dann nicht wieder wettmachen und Kalaschek, der in diesem Rennen mit Platz zwei fast optimal punkten konnte, hatte vor dem letzten Lauf in Hockenheim ein beruhigendes Punktepolster."

Das Finale im Formel-Junior-Meisterschaftsjahr 1993 in Hockenheim schien demnach nur noch eine Formsache für den Führenden Ralf Kalaschek zu sein. Vielleicht war es aber auch der prominente Name seines Kontrahenten, der den Spitzenreiter zusätzlich motivierte. Der ADAC in seinem Saisonrückblick „Automobil": „Wer gedacht hätte, Kalaschek wäre nur darauf aus gewesen, seinen Vorsprung ins Ziel zu fahren, musste sich von dem 19-jährigen Piloten, der sich schon jetzt ganz auf seine Rennkarriere konzentriert, eines Besseren belehren lassen. Für Kalaschek gab es nur ein Ziel: mit einem Sieg der Meisterschaft die Krone aufzusetzen. Und es wurde sein überlegenster Triumph in der gesamten Saison. Mit über elf Sekunden Vorsprung zeigte er, dass er ein würdiger Nachfolger von Sandy Grau ist."

Ende einer spannenden Junior-Serie, wie aber sahen die Zukunftspläne von Ralf und Ralf aus? Der Autor des ADAC-Artikels „Ein Duo gibt den Ton an" kannte die Pläne des Vizemeisters und des Meisters: „Während bei Ralf Schumacher der weitere Karriereweg schon ziemlich genau geplant ist – er wird im Team von WTS in die Formel 3 einsteigen – ist Kalaschek noch auf der Suche nach dem weiteren Weg. Seine Absichten gehen jedenfalls in Richtung Formel 3, und so könnte es durchaus sein, dass es die beiden auch 1994 wieder miteinander zu tun bekommen."

Neben dem Erst-und Zweitplatzierten der 93er Saison gab es auch noch andere Nachwuchsfahrer, die sich in der BMW ADAC Formel Junior den Feinschliff für höhere Motorsport-Aufgaben holten. Dritter in der Gesamtwertung wurde Ronny Melkus, gelernter Kfz-Mechaniker und Sohn des sechsfachen DDR-Motorsportmeisters Ulli Melkus (sein Großvater Heinz Melkus sorgte noch bis in die 70er Jahre auf dem Schleizer

Dreieck und auf dem Sachsenring für Aufsehen). Der Dresdener, Teamkollege von Ralf Schumacher, konnte sich erst gegen Ende der Serie in der Spitze etablieren. Eindrucksvoll war dabei sein Sieg in Ahlhorn, entscheidende Punkte lieferten auch zwei zweite und dritte Plätze. In der Saison 1997 startete Ronny Melkus wieder in der BMW ADAC Formel-Junior-Meisterschaft. Leider reichte es auch diesmal nur zum dritten Platz in der Endwertung hinter seinen Konkurrenten Richard Kopp und Johan Stureson. Als erster Profi-Fahrer aus den neuen Bundesländern wechselte Melkus später zum Super-Tourenwagen-Cup.

Richard Kopp aus Bad Aibling setzte als Newcomer erst gegen Ende der 93er-Junior-Serie Akzente. 50 seiner insgesamt 58 Meisterschaftspunkte holte Kopp erst nach der „Halbzeit", sprich in der zweiten Saisonhälfte. Immerhin verdiente sich der Bad Aiblinger nach dem letzten Rennen das Prädikat „bester Neueinsteiger". Auch Kopp verlängerte sein Engagement in der Formel Junior um ein weiteres Jahr. Die Entscheidung wurde dann mit dem Meistertitel belohnt.

Und noch ein Talent machte in Ralf Schumachers zweitem Junior-Jahr auf sich aufmerksam – Tobias Schlesinger. Im ADAC-Beitrag heißt es über den Fahrer aus Vellmar: „Der junge Mann, letztes Jahr in der ADAC BMW Formel-Schule entdeckt, brauchte auch seine Zeit, um sich an den sensibel reagierenden Formel-Junior zu gewöhnen. Dann zeigte er aber, dass im nächsten Jahr mit ihm zu rechnen sein wird. Tobias Schlesinger wurde 1994 hinter Kopp, Stureson und Melkus Vierter. In seiner dritten Junior-Saison blieb am Ende nach hoffnungsvollem Auftakt in Zolder (Platz eins) nur ein mittel-

Tipps für den Nachwuchs: Manager Willi Weber und Ralf Schumacher. Weber war Anfang der 90er Jahre WTS-Teamchef.

mäßiger fünfter Rang. Ralf Kalaschek, der Ralf Schumacher 1993 ein erbittertes Duell um den Titel geliefert hatte und schließlich ganz oben auf dem Siegerpodest gelandet war, fuhr 1996 erstmals im D1 ADAC Super-Tourenwagen-Cup.

Willi Weber, Manager von Michael Schumacher, war 1993 von Ralfs Leistung in der Formel Junior angetan. Im Herbst setzte er den Nachwuchsfahrer erstmals in einen Formel-3-Boliden. Weber über seinen neuen Schützling: „Ralf hat viel Talent, aber er braucht noch Zeit. Wir werden ihn langsam aufbauen.“

Abt Sportsline, ein guter Name im nationalen und internationalen Motorsport. Gegründet wurde das bayerische Unternehmen 1896 – als Pferdeschmiede. Den allerersten Pokal brachte Johann Abt 1952 mit nach Hause. Bei der Oberallgäuer Bergfahrt gewann er die Goldmedaille. Es war der Startschuss zu einer bemerkenswerten Karriere im deutschen Motorsport. 25 Jahre lang trat Johann Abt bei den verschiedensten Rennen an. Seine Söhne Hans-Jürgen und Christian setzten die Tradition fort. Der Autor traf sich in Kempten mit Christian Abt. Auszüge aus dessen Sportbilanz: 1991 Formel-Junior-Meister, 1992 Gewinner der Deutschen Formel-3-Meisterschaft in der B-Wertung, 1994 achter Platz in der Deutschen Formel-3-Meisterschaft, 1996 Sieger in der STW-Privatfahrerwertung auf Abt-Audi A4 quattro, 1997 zweiter Platz beim 24-Stunden-Rennen am Nürburgring auf VW Golf TDI, 1999 Deutscher Super-Tourenwagen-Meister auf Abt-Audi A4 quattro, 2000 dritter Platz in Le Mans im Audi R8.

Abt Sportsline und Ralf Schumacher – wann hat diese Liaison begonnen? „Ich habe Ralf zum allerersten Mal 1992 vor seinem Formel-Junior-Debüt am Norisring getroffen. Auch Michael Schumacher war da, um seinem Bruder letzte Tipps zu geben und ihm die Daumen zu drücken. Michael hat uns alle freundlich begrüßt und sich mit uns auch über sein Formel-1-Engagement bei Benetton unterhalten. Ralfs zweiter Platz bei seinem ersten Einsatz im Junior war sehr beeindruckend. Natürlich haben alle seinen ersten Formel-Auftritt ganz genau verfolgt, weil er doch der kleine Bruder des Grand-Prix-Piloten Schumacher war. Ich habe Ralf später bei einem Rennen in Zandvoort auf seine Zukunft angesprochen und ihn gefragt, ob er für 1993 schon konkrete Pläne habe. Abt Sportsline war zu der Zeit ja sehr erfolgreich in der Formel Junior. Da lag es nahe, Ralf von einem Engagement bei uns zu überzeugen. Er musste zu uns kommen, das war für ihn das Beste."

Dem ersten unverbindlichen Gespräch zwischen Christian Abt und dem jungen Schumacher folgten bald schon ernsthafte Verhandlungen. Mit am runden Tisch saßen Manager Willi Weber, zu der Zeit auch WTS-Teamchef in der Formel 3, Sportsline-Geschäftsführer Hans-Jürgen Abt, Vertreter des ADAC und Ralfs „großer Bruder". Christian Abt war damals erstaunt: „Michael kümmerte sich intensiv um Ralf, auch wenn sein Formel-1-Terminkalender randvoll war. Später tauchte er oft still und leise bei Junior-Rennen auf, mischte sich unerkannt unter die Zuschauer und kam später zur Abt-Box, um gut gemeinte Ratschläge zu geben. Michael war von Anfang an vom Können seines Bruders überzeugt, er stand bedingungslos hinter ihm. Es war immer wieder beeindruckend, wie die beiden zusammenhielten – wehe, einer hätte mal was Böses über Ralf gesagt."

Als nach den Vetragsverhandlungen das Formel-Junior-Paket für Ralf Schumacher geschnürt war, begannen die Testfahrten. Die Saison 1993 verlief für alle Beteiligten zufriedenstellend. Abt: „Wir stellten Ralf ein Top-Fahrzeug zur Verfügung. Leider war in diesem Jahr der Ralf Kalaschek unglaublich stark, sodass es am Schluss für Ralf nur zum zweiten Platz in der Formel Junior reichte. Aber wir alle haben sehr schnell erkannt, was für ein Wahnsinnstalent er war."

Wie war das 1993 mit dem Medienrummel um Ralf? „Er hatte einen verdammt schweren Stand", bestätigt auch Christian Abt. „Es kamen verschiedene Faktoren zusammen: zum einen war da ein Formel-Junior-Newcomer mit unheimlich viel Selbstvertrauen und Selbstbewusstsein. Das war ja nicht verkehrt, im Gegenteil. Auch Selbstbewusstsein ist eine Grundvoraussetzung für den Erfolg im Motorsport. Zum anderen haben die Medien und damit die Öffentlichkeit Ralf immer besonders kritisch beobachtet, weil er der Bruder des erfolgreichen deutschen Formel-1-Rennfahrers war. Ralfs Reaktion auf all diesen Druck wirkte manchmal arrogant, war es aber meiner Einschätzung nach nicht. Ich habe ihn vielmehr als schüchternen Kerl in Erinnerung behalten. Bei Abt Sportsline war dieser Rummel um die Schumachers letztendlich aber nur Nebensache, Hauptsache Ralf brachte in der Formel Junior die geforderte Leistung. Und die hat er gebracht."

Nach dem Jahr mit Abt Sportsline in der BMW ADAC Formel Junior-Meisterschaft hatten Christian und Ralf noch weitere motorsportliche Berührungspunkte. Schon 1994 kämpften Schumacher und der rund sechs Jahre ältere Abt in der Formel 3 um Meisterschaftspunkte. „Auch in der Formel 3 war Ralf absolut Spitze", lobt der Kontrahent von einst. „Leider hatte damals das Formel-3-Reglement noch Schwächen. So wurde beispielsweise das Gewicht des Fahrers angeglichen. Dies hatte zur Folge, dass ein Leichtgewicht wie der Argentinier Norberto Fontana 1995 fast jedes Rennen gewinnen konnte. Fontana hatte ungefähr 54 Kilo, Ralf etwa 78. Diese Gewichtsdifferenz macht im Motorsportbereich etwa zwei bis drei Zehntelsekunden Unterschied zwischen den Fahrern aus."

Wie würde Tourenwagenfahrer Christian Abt heute sein Verhältnis zum Formel-1-Piloten Ralf Schumacher beschreiben? Hat man sich bei den unterschiedlichen Karrieren im Motorsport aus den Augen verloren? Abt überlegt kurz: „Nein, ich habe mit Ralf ein sehr gutes Verhältnis. Ab und zu telefonieren wir noch miteinander. Aber das kommt immer seltener vor, weil wir ja beide einen vollen Terminkalender haben. Mein Vater hat zu ihm noch einen engeren Kontakt. Für Ralf war unser Senior ja immer schon so eine Art Vaterersatz. Noch in der Formel 3 war er immer für Ralf da, hat ihn in Schutz genommen, hat ihn beraten."

Abschließend einmal Hand aufs Herz. Hätte er schon zu gemeinsamen Formel-3-Zeiten darauf gewettet, dass das Talent aus Kerpen einmal seinem Bruder in die Formel 1 folgen würde? Abt über den Werdegang von Ralf Schumacher: „Jetzt lassen wir mal den Namen Schumacher weg und sprechen nur von Ralfs Talent. Er war in der Formel Junior sehr erfolgreich, fuhr danach sofort in die Spitze der Formel 3, gewann Macau und holte sich in Japan sensationell den Formel-3000-Meistertitel. Die logische Konsequenz war der erste Formel-1-Vertrag und sein Engagement bei Jordan. Das alles hat mit Ralfs Talent zu tun. Aber er hatte auch immer sofort die Chancen gehabt, in dieser oder jener Klasse sein Talent zu beweisen. Das, so glaube ich, hat der Name ausgemacht, und das Management. Die Türen aufgestoßen haben Michael Schumacher und Willi Weber. Auch ich habe mir früh meine Ziele gesteckt: Formel Junior, Formel 3. Dann fehlten plötzlich die Mittel, um weitere Türen aufzumachen, es kam zum Stillstand. Ich selber hatte einmal ein Angebot von Jordan für eine Testfahrt im F-1-Boliden, leider kam plötzlich eine Absage. Die Tür klappte ohne Vorwarnung zu. Aber letztendlich war das nicht so tragisch, das Leben ging ja weiter. Heute arbeite ich bei Audi im Sportwagenbereich und bin glücklich."

Ralf Schumacher und der frühe Ruhm – Christian Abt muss schmunzeln, als ihm noch folgende Geschichte einfällt: „Ralf war noch Junior-Fahrer, da veranstalteten wir einmal eine Racing Show. Er gab Autogramme, und das ganze Haus war plötzlich voller Menschen. Damals war Bruder Michael bei Benetton, Monate später holte er sich den ersten WM-Titel. Verrückt – alle kamen nur wegen des Namens und wollten ‚den Kleinen' sehen."

Deutsche Formel-3-Meisterschaft 1994: So viele Starter wie in dieser Saison gab es zuvor noch nie in der Formel-3-DM – 30 Piloten hatten sich eingeschrieben. Und Ralf Schumacher war von Anfang an mit dabei. Fiat und Opel waren die dominierenden Marken in dieser nationalen Formel 3, Schumacher fuhr im Team WTS von Manager Willi Weber auf einem WTS Dallara 394-Opel. Weber galt und gilt in der Branche als der Talentförderer schlechthin. Viermal kam bis dahin der Formel-3-Champion schon aus seinem Stall: Joachim Winkelhock, Michael Schumacher, Pedro Lamy und Jos Verstappen. Dies-

„Erfolgreiche Generalprobe" – so lautete die Bildzeile zu dieser Aufnahme aus dem Hause Opel 1995. Ralf Schumacher, Dritter der deutschen Formel-3-Meisterschaft im Vorjahr, gewann vor der offiziellen Saisoneröffnung am 22. April in Hockenheim auf dieser Strecke noch ein letztes Testrennen im Opel-Dallara. Teamkollege bei WTS war in der 95er Saison der Niederländer Tom Coronel.

mal schickte Weber zwei hoffnungsvolle rheinische Youngster ins Rennen, Ralf Schumacher und Sascha Maassen. „Ralf und ich verstehen uns gut und arbeiten viel zusammen. Trotzdem halten wir Distanz, Ralf kann nicht mein bester Freund sein", sagte der Aachener im Juni 1994 in einem Interview mit dem Fachmagazin rallye racing. Gesunde Konkurrenz im WTS-Team.

Der überlegene Pilot der Saison hieß aber Jörg Müller. Der Hückelhovener gewann alleine im Sommer in Serie sechs Läufe (auf dem Nürburgring, in Wunstorf, auf dem Norisring und in Diepholz). Der Argentinier Norberto Fontana feierte im 13. und 14. Lauf einen Doppelsieg auf dem Ring, hinter ihm kam Schumacher als Zweiter ins Ziel.

Der 18-jährige Ralf Schumacher schrieb erst zu Saisonende Schlagzeilen. In Singen errang er seinen ersten Formel-3-Sieg. Beim Lauf in Hockenheim gab es Aufregung: Schumacher ließ im Rennen eine Schikane aus und wurde zu einer Stop-and-Go-Strafe an die Boxen beordert. Er übersah allerdings die Tafel, fuhr weiter und platzierte sich hinter Jörg Müller und Norberto Fontana als Dritter. Was folgte, war ein Wechselbad der Gefühle für den jungen Schumacher. Zunächst wurde die Strafe gegen ihn aufgehoben, da er durch das Auslassen der Schikane keinen Vorteil gehabt hatte. Später disqualifizierte ihn die Rennleitung aber doch noch. Beim zweiten Lauf in Hockenheim musste Schumacher wegen dieser Entscheidung aus der letzten Reihe starten. Wohl mit Wut im Bauch, rollte der Opel-Fahrer das Feld von hinten auf, überholte 28 Konkurrenten und wurde noch Sechster.

Der neue Deutsche Formel-3-Meister Jörg Müller verbuchte am Ende der Saison 1994 insgesamt elf Siege. Ein Sieg fehlte, um den Rekord von Pedro Lamy einzustellen. Lamy hatte 1992 zwölfmal gewonnen, dabei aber 26 Rennen bestritten. Müller, der für das Fiat-Dallara-Team des Österreichers Dr. Helmut Marko startete, standen für seine eindrucksvolle Erfolgsbilanz nur 19 Formel-3-Meisterschaftsläufe zur Verfügung.

Ralf Schumacher erzielte in seiner ersten kompletten Formel-3-Saison für WTS Racing folgende Ergebnisse (Punkteverteilung für die Plätze eins bis zehn: 20, 15, 12, 10, 8, 6, 4, 3, 2, 1): Zolder 0, Zolder 12, Hockenheim 12, Hockenheim 2, Nürburgring 0, Nürburgring 3, Wunstorf 15, Wunstorf 0, Norisring 0, Norisring 1, Diepholz 15, Diepholz 15, Nürburgring 15, Nürburgring 12, Avus 15, Avus 0, Singen 20, Singen 15, Hockenheim 0, Hockenheim 6. Der Endstand in der Deutschen Formel-3-Meisterschaft 1994 (bis Platz zehn): 1. Müller (290 Punkte), 2. Wurz (219 Punkte), 3. Schumacher (158 Punkte), 4. Maassen (153 Punkte), 5. Couceiro (135 Punkte), 6. Fontana (118 Punkte), 7. Peter (116 Punkte), 8. Abt (66 Punkte), 9. Angelelli (63 Punkte), 10. Viegas (36 Punkte).

Motorsport-Statistiker begannen nach der Meisterschaft bereits Vergleiche mit dem älteren Schumacher-Bruder anzustellen. Michael wies in seinem ersten Formel-3-Jahr dieselbe Bilanz auf wie Ralf – übrigens mit gleicher Startnummer.

Weniger erfolgreich verlief das Debüt des Jüngeren in diesem Jahr auf internationalem Parkett. Am 12. Mai 1994 in Monaco kam Ralf beim wichtigsten F-3-Rennen der Saison nach einer Zehn-Sekunden-Zeitstrafe wegen eines Frühstarts nur auf Rang 15. Jörg Müller, Monaco-Sieger von 1991, und Sascha Maassen belegten hinter dem Italiener Giancarlo Fisichella die Plätze zwei und drei.

Monate später, beim Formel-3-Grand-Prix in Macau vor den Toren Hongkongs, hatte Ralf mehr Fortüne. Hier in Macau wird traditionsgemäß die inoffizielle F-3-Weltmeisterschaft ausgefahren, Michael Schumacher und Jörg Müller konnten sich bereits den begehrten Titel sichern. „Schmale Gassen mit hohen Mauern, enge und unübersichtliche Kurven und viele Bodenwellen – der Straßenkurs von Macau birgt 6,2 Kilometer harter Arbeit, besonders für die Neulinge“, schrieb Andrea Neumeyer damals für rallye racing. Ralf Schumacher hatte sich optimal auf das Rennen vorbereitet, in Kerpen anhand von Stadtplänen und Videofilmen Macau studiert, vor Ort dann rund 30-mal im Auto den Kurs studiert. „Es ist die schwierigste Rennstrecke, die ich kenne“, meinte er danach. Nach der Veranstaltung jubelte das WTS-Team: Der Macau-Sieger 1994 hieß Sascha Maassen auf Dallara-Opel (2. Platz im ersten Lauf, 3. Platz im zweiten Lauf). WTS-Opel-Werksfahrer Ralf Schumacher belegte hinter Maassen, Burt und Magnussen (beide auf Dallara-Honda) den vierten Platz im Gesamtklassement. Im ersten Lauf war Schumacher Vierter geworden, im zweiten Lauf Fünfter.

Die Erwartungshaltung und damit der Erfolgsdruck auf den „kleinen Bruder“ von Michael Schumacher waren in diesem Jahr besonders groß. Nicht nur die zahlreichen Sponsoren erwarteten in Ralfs zweiter Formel-3-Saison den ganz großen Wurf, die Deutsche Meisterschaft. Auch Manager Weber hatte die weiteren Karriere-Pläne für seinen WTS-Piloten sicherlich schon in der Schublade: Formel 3000, Formel 1, Kronprinz in der Königsklasse. Doch es sollte ganz anders kommen: Mit zehn Siegen in 16 Rennen durchkreuzte der 20-jährige Argentinier Norberto Fontana alle Titelträume von WTS Racing. Fontana fuhr ohne Werksunterstützung im KMS-Stall des Schweizer Hans-Peter Kaufmann, Schumacher im erfolgreichsten deutschen Formel-3-Team der letzten zehn Jahre.

Ralf Schumacher beim Formel-3-Rennen am Norisring.

Schon beim Saisonstart am 22. April 1995 in Hockenheim wurde Schumacher von Fontana auf Platz zwei verwiesen. Der Argentinier gewann den ersten und den zweiten Meisterschaftslauf von der Pole Position aus.

Auch auf der Berliner Avus am 6. und 7. Mai gewann Fontana zweimal. Er siegte im 3. Lauf der Formel-3-DM vor Max Angelelli, Schumacher wurde Fünfter. Im 4. Lauf hieß die Reihenfolge Fontana vor Angelelli, Schumacher belegte Platz sechs.

Auf dem Norisring am 24. Juni stand Ralf Schumacher erstmals in dieser Saison ganz oben auf dem Siegertreppchen: Er stoppte Fontanas Serie am Samstag beim 5. Lauf und gewann vor Angelelli und dem Argentinier. Am Sonntag lautete das

Endresultat des 6. Laufes: 1. Angelelli, 2. Schumacher, 3. Tom Coronel. Dem Rennen vorausgegangen war ein Chaos – zwei Abbrüche, Saftey-Car-Phase, Addition der Zeiten. Ein Dreher in der ersten Runde am Dutzendteich brachte Schumacher möglicherweise um einen Doppelerfolg am Norisring.

Der Italiener Max Angelelli war der einzige, der das Kopf-an-Kopf-Rennen zwischen Schumacher und Fontana noch hätte entscheidend beeinflussen können. Ein Trainingsunfall Angelellis machte jedoch alle Pläne im BSR-Team von Bertram Schäfer zunichte. Hinzu kamen zwei Unfälle am Nürburgring und in Singen, an denen jeweils Teamkollege Oliver Tichy beteiligt war. So wurde der Ausgang der Deutschen Formel-3-Meisterschaft 1995 zu einer reinen Angelegenheit zwischen Ralf Schumacher und dem Südamerikaner Norberto Fontana.

Beim Flugplatzrennen in Diepholz am 22. und 23. Juli schien zunächst der endgültige Durchbruch für den Kerpener gekommen zu sein. Ralf gewann den 7. und 8. Lauf der Formel-3-DM, Fontana belegte jeweils Platz drei. Keiner ahnte, dass der Opel-Werkspilot in Diepholz seine beiden letzten nationalen F-3-Siege in dieser Saison feiern sollte. Danach kassierte Schumacher eine bittere Niederlage nach der anderen. Sein Konkurrent vom KMS-Team hingegen sicherte sich mit sechs Siegen in Folge vorzeitig den Meistertitel 1995. Schumachers weitere Ergebnisse in den Formel-3-Meisterschaftsläufen:

19. August 1995	9. Lauf Nürburgring:	Platz 2
20. August 1995	10. Lauf Nürburgring:	Platz 3
16. September 1995	11. Lauf Singen:	Platz 3
16. September 1995	12. Lauf Singen:	Platz 3
7. Oktober 1995	13. Lauf Magny-Cours:	Platz 10
8. Oktober 1995	14. Lauf Magny-Cours:	Unfall

Den Endlauf (Lauf 15 und 16) am 14. und 15. Oktober in Hockenheim hat Ralf Schumacher sicherlich nicht so schnell vergessen. Am Samstag steht er neben Norberto Fontana in der ersten Startreihe, verliert im Prestigeduell später aber wohl die Nerven: zu spät gebremst, Dreher in der zweiten Runde. Danach fehlt dem Pechvogel der Überblick, Schumacher steuert auf die Strecke zurück und kollidiert dabei mit Alexander Wurz. Wegen „gefährlicher Fahrweise“ wird er mit einer Sperre für das letzte Rennen belegt.

Auch der Argentinier Fontana patzte in Hockenheim. Beim Endlauf stieß er mit Max Angelelli zusammen. Fontanas Teamkollege Jarno Trulli gewann beide Rennen in Hockenheim und krönte eindrucksvoll sein erstes Jahr in der Formel 3.

Der Endstand in der Deutschen Formel-3-Meisterschaft 1995 (bis Platz zehn): 1. Fontana (256 Punkte), 2. Schumacher (171 Punkte), 3. Angelelli (140 Punkte), 4. Trulli ((95 Punkte), 5. Couceiro (85 Punkte), 6. Wurz (74 Punkte), 7. Coronel (73 Punkte), 8. Aguas (61 Punkte), 9. Meier (60 Punkte), 10. Peter (47 Punkte).

Auch in der Saison 1995 fuhr Ralf Schumacher wieder im internationalen Rampenlicht. Neben den Läufen der Formel-3-DM standen im Terminkalender des Kerpeners: 26. Mai 1995 Monaco Grand Prix, 6. August 1995 Marlboro Masters in Zandvoort, 13. August 1995 Porsche Supercup am Hungaroring und 19. November 1995 Grand Prix von Macau.

Bei den beiden internationalen Formel-3-Einsätzen in Monte Carlo und im holländischen Zandvoort reichte es für Schumacher trotz starker Leistungen jeweils nur zum zweiten Platz. Den F-3-Grand-Prix von Monaco gewann der Italiener Giantonio Pacchione knapp mit einer halben Sekunde Vorsprung. Ähnlich hauchdünn endete das Marlboro Masters in Zandvoort, das Ralfs alter Rivale Norberto Fontana für sich entscheiden konnte. Der Kerpener war in beide Rennen aufgrund seiner Trainingsergebnisse vom zweiten Startplatz aus gestartet. Beide Male erlaubten die Streckenverhältnisse es nicht, den Führenden noch vor dem Ziel abzufangen. Pacchione, der in Monaco seinen zweiten Sieg innerhalb von vier Jahren schaffte, gab vom Start bis ins Ziel die Führung nicht mehr ab. In Zandvoort führte Fontana ohne Unterbrechung das Feld an.

Ralf Schumacher konnte bei aller Enttäuschung über seine zweiten Plätze dennoch stolz sein. Mit seinen Rennen in Monaco und in Zandvoort unterstrich er eindrucksvoll seinen inzwischen erworbenen Stellenwert im internationalen Formel-3-Geschäft.

Nach einem Intermezzo beim Porsche Supercup am 15. August am Hungaroring, bei dem er mit einem Porsche 911 den siebten Platz belegte, blieb Schumacher noch die inoffizielle

Formel-3-Weltmeisterschaft in Macau, um die Saison zu krönen. Im Vorjahr hatte hier auf dem engen und extrem schwierigen Straßenkurs WTS-Teamkollege Sascha Maassen triumphiert. Diesmal war die Reihe am jüngeren der beiden Schumacher-Brüder. Ralf holte sich beim 42. Grand Prix von Macau seinen bis dahin wichtigsten und wertvollsten Sieg. Nach Michael Schumacher (1990), Jörg Müller (1993) und Sascha Maassen (1994) war er der vierte Deutsche, der das weltweit bedeutendste Formel-3-Rennen gewinnen konnte. Dabei setzte sich Ralf auf der 6,117 Kilometer langen Macau-Runde gegen ein 30-köpfiges Feld durch, das durchweg nur aus nationalen Champions bestand. Den Grundstein für seinen Sieg legte Schumacher bereits im ersten Lauf. In diesem ersten 15-Runden-Rennen kontrollierte er souverän das Feld und schuf sich mit sechs Sekunden Vorsprung ein optimales Zeit-Polster für den zweiten Durchgang. Der zweite Lauf erfuhr durch eine der größten Massenkarambolagen der Formel-3-Geschichte, von der nur Schumacher, Trulli und Couto verschont blieben, zunächst eine längere Unterbrechung. Als es nach dem Neustart erneut zu Kollisionen kam, brach die Rennleitung kurz vor Beginn der Dämmerung ab und erklärte Ralf Schumacher zum Gesamtsieger. Die weiteren Platzierungen: 2. Trulli, 3. de la Rosa, 4. Maassen, 5. Fontana, 6. Couto, 7. Wurz, 8. Couceiro, 9. Davies, 10. Biagi.

Nach seinem Erfolg vor den Toren Hongkongs erhielt Schumacher eine Einladung nach Japan. In Suzuka testete er einen Formel-3000-Rennwagen des Le Mans-Teams und unterschrieb danach einen Vertrag für die Japanische Formel-3000-Meisterschaft, die Formel Nippon. Ein neuer Lebensabschnitt und ein neues Karrierekapitel hatten begonnen. Ralf war gerade einmal 21 Jahre alt und seit knapp fünf Jahren dem Kart entwachsen.

Besuch bei Peter M. Lill in München. Der Leiter „Motorsport-Presse“ kann sich kurz aus dem redaktionellen Tagesgeschäft ausklinken und kommt ins Foyer der ADAC-Zentrale. Hier „Am Westpark 8“ in der Landeshauptstadt entsteht auch das Magazin ADAC-Sportwelt. Lill ist verantwortlich für den Inhalt. Seit etwa einem Jahr ist er Hauptamtlicher beim Automobilclub. Die journalistische Zusammenarbeit mit dem ADAC reicht aber weiter zurück – bis ins Jahr 1991, dem Jahr, in dem die Formel Junior eingeführt wurde. Davor war Peter M. Lill unter anderem 16 Jahre Sportjournalist bei BILD mit Schwerpunkt „Motorsport“. Über Michael und Ralf Schumacher kann er eine ganze Menge berichten, besonders über den jüngeren der beiden Brüder. Vom Kart über die Formel Junior, die Formel 3 bis hin zur Königsklasse: Lill hat Ralf Schumacher seit Anfang der 90er Jahre immer wieder kritisch durch die Medien-Brille betrachtet. Was gab es alles zu sehen?

Peter M. Lill: „Ich habe Ralf Schumacher 1992 bei seinem Formel-Junior-Einstand am Norisring kennen gelernt. Damals begleitete ich bereits das BMW ADAC Junior-Nachwuchsprogramm und betreute Pressekollegen. Ralf habe ich als 16-jährigen, relativ schüchternen Knaben mit Zahnspange in Erinnerung behalten. Die Spange – ja, die war damals sein Problem, er wollte einfach nicht lachen. Als Pilot war er schon außergewöhnlich gut. Sein zweiter Platz beim Junior-Debüt sprach ja für sich, und die Serie war schon damals immer stark besetzt. Ralf fuhr auf dem schwierigen Norisring-Kurs ein sagenhaftes Rennen und beeindruckte auch Manager Willi Weber. Ich habe mich später mit Weber unterhalten. Er war der Meinung, dass Michael Schumachers jüngerer Bruder genauso talentiert sei, nur werde es seiner Meinung nach sicherlich etwas länger bis zum endgültigen Durchbruch dauern. Weber sagte, er halte Ralf nicht für den ganz großen Überflieger, eher für einen, der sich alles erarbeiten muss und dies auch schaffen wird.“

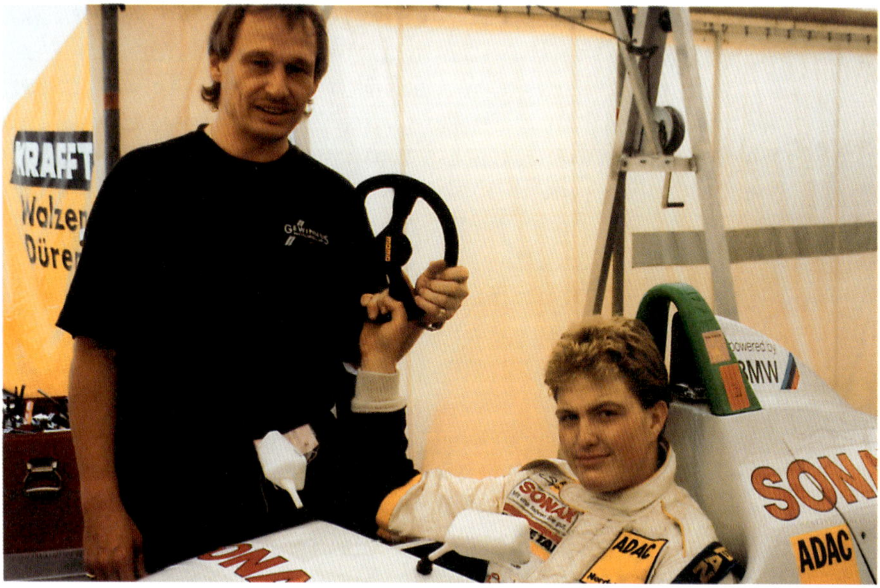

Formel-Junior-Premiere 1992: Ralf Schumacher und sein Teamchef Kurt Gewinnus am Norisring. Sie freuen sich über den zweiten Platz.

Während der eine der Schumacher-Brüder im Begriff war, ein Weltstar in der Rennsportszene zu werden, hoffte der andere auf seine zweite Formel-Junior-Saison. Ralf und der lange Schatten des „großen Bruders“. Dazu der Journalist: „Ralf stand wegen seines Familiennamens sehr im Mittelpunkt. Vielleicht hat er sich deswegen nach und nach auch einen feinen Schutzpanzer zugelegt, wie manche sagen. Ich habe ihn aber auch weiterhin als netten, ganz normalen Junge gesehen, ausgestattet mit einer guten Portion Humor. Eigentlich habe ich Ralf Schumacher auch still bewundert. Man sollte bedenken, dass er aus bescheidenen Verhältnissen kommt. Aus einem kleinen Elternhaus in Kerpen. Ein ordentliches Elternhaus, das ihn gut erzogen hat. Plötzlich wacht er auf im Wunderland des Formel-Sports, sein Bruder begeistert die deutschen Fans in der Königsklasse. Auch wenn er schon früh seine eigenen Kreditkarten, seine Rolex-Uhr und den Spitznamen ‚Rolex-Ralf‘ hatte, so gelang ihm doch immer wieder die Orientierung. Auch eines ist häufig bei ihm vergessen worden: ein 16-, 17- oder 18-

jähriger Junge hat das Recht, auch mal auszuflippen, mal über die Stränge zu schlagen – wie andere Pubertierende auch.“

Gab es Personen, die Ralf in dieser Phase seiner Entwicklung besonders halfen? Lill überlegt nur einen Augenblick und gibt dann folgende Antwort: „Aus einem Knaben wurde inzwischen ein Mann. Und dieser Knabe hat sich nicht nur fahrerisch weiterentwickelt, sondern vor allem auch im Kopf. Wer ihn heute beispielsweise bei Interviews erlebt, der kann diese positive Veränderung kaum glauben. Ich erinnere mich noch an einen Termin mit Ralf im Studio von Antenne Bayern. ‚Ralf, was machst du eigentlich so den ganzen Tag?‘ habe ich ihn vor der Sendung gefragt. Er hatte damals gerade seine Lehre abgebrochen und mir seinen Alltag geschildert: in Kerpen auf der Kartbahn rumsitzen, ein bisschen den Eltern auf dem Kart-Gelände helfen, vor dem Fernsehen hängen, dreimal die Woche Englisch lernen, testen – mehr war da nicht. Null geistige Ansprache. Und wenn man ihn heute erlebt, eine beeindruckende Persönlichkeitsentwicklung. Um jetzt die eigentliche Frage zu beantworten: Michael Schumacher, Willi Weber, Kurt Gewin-

Bei Kurt Gewinnus ging Ralf auch durch eine gute Technik-Schule. Auto, Motor, Getriebe, Feinabstimmung – das wichtige Formel-ABC.

nus vom ADAC und vor allem Franz Tost vom WTS-Racing-Team haben Ralf geholfen und geformt. Daneben gab es natürlich noch andere Wegbegleiter in seinem Sportleben, die es gut mit ihm meinten. Michael Schumacher ist ein Bilderbuch-Bruder, wie man ihn sich nur wünschen kann. Willi Weber war wohl der wichtigste Mann in Ralfs Entwicklung. Auch Tost, der Ralf während seines Japan-Aufenthaltes betreut und die Entwicklung vom Nachwuchs- zum Spitzenfahrer begleitet hat. Teamchef Kurt Gewinnus hat Ralf besonders in den ADAC-Junior-Jahren so manchen Halt gegeben. Auch die Zeit im Abt-Sportsline-Team war sehr lehrreich für Ralf. Und natürlich nicht zu vergessen die Eltern Rolf und Elisabeth Schumacher, die allerdings auf die sportliche Karriere kaum einen Einfluss nahmen." Auch der ADAC habe seinen Anteil zum Gelingen beigetragen, meint Lill. „Es freut mich, wie sich der Ralf entwickelt hat. Der ADAC ist stolz, dass er mithelfen konnte, ihm das Formel-ABC beizubringen."

Ralf Schumacher und BMW Williams, die Formel 1 damals und heute – auch zu diesen Themenkomplexen hat der ADAC-Redakteur Antworten. Stichwort „Ralf Schumacher, das Talent und der WM-Titel": „Ob Ralf mehr Talent hat als Michael, vermag ich nicht zu sagen. Er hat ungeheuer viel Potenzial. Kann er das abrufen, dann schließe ich nicht aus, dass er in naher Zukunft Chancen auf den WM-Titel hat. Allerdings gehört zur Formel-1-Weltmeisterschaft auch sehr viel Glück, wie Bruder Michael in den letzten Jahren bei Ferrari leidvoll erfahren musste. Da genügt nicht nur Talent, man muss zum richtigen Zeitpunkt auch im richtigen Rennwagen sitzen. Willi Weber hat einmal gesagt: ‚Ein großes Talent kann nur in einem guten Auto zeigen, dass es ein Talent ist'. Weber hat Ralf bislang immer Gelegenheit gegeben, First-Class-Fahrzeuge zu fahren. Ralf hat dann auch mit First-Class-Leistungen gedankt. Ich glaube übrigens nicht, dass Ralf wegens seines Nachnamens in der Königsklasse gelandet ist. Die Formel 1 ist so teuer geworden, da kann es sich kein Team der Welt erlauben, einem Bruder von Michael Schumacher Gefälligkeiten zu erweisen. Natürlich ist der Einstieg mit einem Management Weber im Rücken leichter."

Formel-1-Träume? Ralf Schumacher wartet angespannt im Junior-Rennwagen auf das Startzeichen.

Auf internationaler Motorsport-Bühne endgültig durchgesetzt hat sich Ralf Schumacher 1995 in Macau. Was war das Besondere an diesem Formel-3-Sieg? „Macau kann man nicht trainieren, da fährt man nur einmal im Jahr. Und Macau ist ein äußerst schwieriger Stadtkurs“, erklärt Peter M. Lill. „Eine Stärke von Ralf ist, dass er sich schnell auf neue Kurse einstellen kann. Manche bezeichnen die Veranstaltung vor Hongkongs Toren als Exoten-Rennen. Andere sprechen von einer inoffiziellen Formel-3-Weltmeisterschaft. Tatsache ist, dass sich in Macau einmal im Jahr meist die besten Formel-3-Piloten aus aller Welt treffen. Der Grand Prix ist kein Schaulaufen, da wird heiß gefightet. Der Macau-Sieg hat einen hohen Stellenwert in der Branche. Ein Sieg ist die beste Visitenkarte im Motorsportgeschäft, vielleicht sogar eher eine Kreditkarte. Nach Macau kommen die ungeschliffenen Edelsteine in der Welt der Nachwuchsformel, wer dort gewinnt, der muss fahren können. 1995 hat der Ralf dort sein Gesellenstück gemacht.“ Und wie sieht es mit dem Meisterstück aus? Lill glaubt: „Dies hängt natürlich auch von der Entwicklung des BMW Williams-Teams ab. Generell wird die Luft für Ralf Schumacher in den nächsten Jahre noch dünner. Schließlich arbeitet er schon auf sehr hohem Niveau. McLaren-Mercedes und Ferrari waren und bleiben wohl auch weiterhin eine Messlatte. Die Frage ist, wie schnell können BMW und sein Partner zu diesen beiden bislang dominierenden Formel-1-Teams technisch aufschließen oder sie gar überholen. Darüber hinaus wächst die Zahl der ernst zu nehmenden Konkurrenten. Das macht die Sache für den Kerpener keinesfalls einfacher. Mit Honda und Toyota haben sich weitere Hersteller aus dem fernen Osten angesagt. Andere Automobilhersteller überlegen intensiv, in die Königsklasse des Motorsports einzusteigen. Sie alle haben erkannt, dass die Formel 1 werbemäßig nicht zu toppen ist. Bernie Ecclestone ist es gelungen, die Fäden genial zu spinnen. Die Formel 1 hat sich für die Automobilindustrie zum brillanten und fast schon genialen Vehikel der Verkaufs- und vor allem der Imageförderung entwickelt. Die Etats werden weiter explodieren und unvorstellbare Summen werden eingesetzt."

Lills Prognosen für eine „neue Formel 1" lassen einiges erwarten. Was wird da aus den Akteuren, den Piloten? Was wird aus Ralf Schumacher? Der Journalist ist überzeugt: „Der Kampf der Weltgiganten auf dem Felde der Formel 1 ist vorprogrammiert. Ralf wird in diesem künftigen Milliardenspiel sicher eine überragende Rolle spielen und zu einem ‚globalen Hero' aufsteigen können. Er bringt alles mit, um bestehen zu können – auch äußerlich, was in der Werbewelt nicht unwichtig ist."

Schon lange bevor Ralf Schumacher am Ende der Saison 1995 in Japan seinen Vertrag für die Formel Nippon unterschrieb, war im Umfeld intensiv über seine weitere Motorsport-Zukunft nachgedacht worden. An einen direkten Aufstieg in die Königsklasse wagte spätestens nach dem enttäuschenden zweiten Platz hinter Norberto Fontana niemand mehr ernsthaft zu denken. Was also tun? Noch einmal ein Jahr Formel 3 in der vagen Hoffnung, beim dritten Anlauf den Titel zu holen? Oder das überraschende Angebot aus der IndyCar-Serie annehmen, das im August kam? Auch wenn die Offerte von einem guten Team stammte, dem Meisterschaftsteam von Jacques Villeneuve, so lehnte Ralf Schumacher nach kurzer Bedenkzeit doch ab – die Serie in den Vereinigten Staaten war nicht sein Ding. Auch Bruder Michael, der Ralf die Deutsche Tourenwagen-Meisterschaft schmackhaft machen wollte, holte sich einen Korb. Auch die DTM schien Ralf irgendwie nicht das richtige Sprungbrett in die Formel 1 zu sein, denn die hatte er fest im Auge.

Ralf Schumacher in seinem Formel-3-Jahr 1995. Der Druck, der auf ihm lastete, war riesig. Jeder erwartete vom „kleinen Bruder" des Formel-1-Weltmeisters beim zweiten Anlauf in der nationalen Formel 3 das Meisterstück. Aber der Supermann des Jahres in dieser Serie war ein anderer. Der kleine Argentinier Norberto Fontana durchkreuzte alle Pläne von Ralf und seinem WTS-Team und sicherte sich überlegen den Meistertitel.

Ralf beim Formel-3-Rennen in Hockenheim.

Lauf in Diepholz.

Spätestens seit Adelaide, wohin er Bruder Michael zum F-1-Finale begleitet hatte, kannte Ralf sein Ziel. Christoph Schulte zitiert ihn in seinem Buch „Die jungen Wilden der Formel 1“ so: „Als ich in Adelaide durch die Boxengasse schlenderte und die Formel-1-Boliden sah, als ich hörte, wie die Motoren angelassen wurden, war mir plötzlich ganz klar: Genau das ist es, was ich eines Tages gerne mal erreichen würde. Mein Ziel ist ganz einfach die Formel 1.“

Die Einladung der Japaner, 1996 an ihrer nationalen Formel 3000 teilzunehmen, schien am Schluss noch die beste Aufstiegsmöglichkeit in die Formel 1 zu bieten. Auch Manager Willi Weber sah dies so und vermittelte seinem Schützling einen Platz im Le Mans Team, seit Jahren eines der Spitzenteams in der Formel Nippon.

Vor seinem Abschied von der Heimat gab es für Ralf Schumacher noch zwei Auszeichnungen, die ihn sichtlich freuten. Anfang des Jahres ehrte ihn die FIA für seinen Sieg in Macau. Der Gewinn dieses Formel-3-Weltcups war auch ein Grund für den Deutschen Sportfahrerkreis (DSK), Ralf Schumacher mit dem DSK-Sportpokal auszuzeichnen.

Saisoneröffnung in Japan war am 28. April 1996. Beim Auftaktrennen in Suzuka kam Schumacher hinter den Japanern Hoshino und Nakano auf den dritten Platz. Beim zweiten Meisterschaftslauf am 12. Mai in Mine stand der Kerpener erstmals auf dem Siegertreppchen ganz oben: Er gewann vor seinem alten Formel-3-Kontrahenten Fontana und dem Japaner Takagi. Die Formula Nippon entwickelte sich zunächst zu einer Fortsetzung des deutschen F-3-Championats vom Vorjahr: Norberto Fontana und Ralf Schumacher – beide auf Titelkurs. In Fuji beim 3. Lauf stand Schumacher mit seinem Reynard auf der Pole Position. Zwar überholte Fontana Ralf schon in der ersten Rennrunde, der konterte jedoch einige Runden später und übernahm erneut die Führung. Nach einem weiteren Wechsel an der Spitze kam fünf Runden vor Schluss das Aus für Schumacher. Sein Motor streikte. Fontana auf Lola-Mugen gewann den Lauf Nummer 3 vor Hattori auf Reynard-Mugen.

Das Duell Schumacher-Fontana sollte jedoch nicht von Dauer sein. Schon beim 4. Lauf in Tokachi schied der Argentinier in

ralf schumacher

Die Formel-Lehrjahre

1993

2. Platz BMW ADAC Formel Junior (Team Abt)
   Testfahrten und erstes Formel-3-Rennen (Team WTS)

1994

3. Platz Deutsche Formel-3-Meisterschaft (Team WTS)

1995

2. Platz Deutsche Formel-3-Meisterschaft (Team WTS)
1. Platz Formel-3-Grand-Prix in Macau (Team WTS)
   Testfahrten mit einem Formel Nippon in Suzuka

1996

1. Platz All Nippon Japanese F3000 Championship (Le Mans Company)
2. Platz Japanische GT-Meisterschaft (Le Mans Company McLaren)

der 27. von 38 Rennrunden aus. Ralf gewann hier vor dem Japaner Kagayama. Beim 5. Lauf in Suzuka reichte es für Schumacher nur zum vierten Platz hinter drei japanischen Piloten. Fontana landete in Suzuka nur auf dem achten Platz.

Beim 6. Lauf zur Japanischen Formel-3000-Meisterschaft in Sugo lag Schumacher 13 Runden vor dem Ziel an siebter Stelle. In der Nippon-Gesamtwertung führte er immer noch. Das Aus durch Motorschaden jedoch ließ die Tabellenspitze zusammenschrumpfen: Schumachers Vorsprung auf Toranosuke Takagi, der sich in Sugo seinen zweiten Sieg in Folge holte, betrug nach dem Rennen nur noch magere zwei Punkte. Norberto Fontana verlor nach dieser Veranstaltung endgültig den Anschluss an die Führenden. Er musste in der sechsten Runde nach einer Kollision aufgeben. Ralf Schumacher erzielte bis zum Finale in Fuji noch folgende weitere Resultate: keine Platzierung beim 7. Lauf in Fuji (Aufhängungsbruch in der ersten Runde), Sieg beim 8. Lauf in Mine, vierter Platz im 9. Lauf Suzuka.

Die Entscheidung zwischen dem Deutschen und dem Einheimischen Naoki Hattori, der sich in den letzten Rennen als schärfster Rivale Schumachers entpuppt hatte, musste beim letzten Meisterschaftslauf am 20. Oktober in Fuji fallen. Es regnete in Strömen, und es sah zunächst nicht gut aus für Ralf, der von Startplatz neun aus ins Rennen ging. Weil bereits in der Startkurve vier Autos kollidierten, wurde der 10. Lauf erneut gestartet. In der dritten von insgesamt 45 Runden schienen alle Titelträume des Kerpener Piloten beendet. Schumacher rutschte von der regennassen Piste und musste seinen Gegner vorbeilassen.

Hattori sah bis zur 39. Runde wie der sichere Sieger aus, als auch er vom Asphalt kreiselte. Der Weg für Ralf Schumacher zum Titel war nun frei. Mit drei Siegen wurde er der jüngste Meister in der Formel-Nippon-Geschichte.

In der Königsklasse

„Das ‚Schumacher-Doppel' in der Formel 1 wird wohl schneller als erwartet Realität." Die im Frühjahr 1996 von der Fachzeitschrift auto, motor und sport verbreitete Nachricht ließ die Rennsportgemeinde in Deutschland hellhörig werden. Weiter hieß es: „Ralf Schumacher, der jüngere Bruder des Weltmeisters, wird nicht wie ursprünglich geplant erst zum Saisonende bei Benetton seine ersten Testfahrten bestreiten, sondern bereits im August – im McLaren-Mercedes." Michael Schumacher kommentierte die Meldung über seinen Bruder: „Die Zeit für Formel-1-Testfahrten ist reif." Auch Schumachers Manager Willi Weber bestätigte kurze Zeit später die Mercedes-Offerte an seinen 20-jährigen Schützling, der zu diesem Zeitpunkt in der Nippon-Meisterschaft engagiert war. Weber: „Es ist wichtig, dass Ralf so früh wie möglich seine Fähigkeiten im Formel-1-Auto beweisen kann und nicht erst am Saisonende testet, denn die Teams planen ja für die nächste Saison. Und im Oktober, November schwimmen uns die Felle weg."

Silverstone, 8. August 1996, gegen 10 Uhr: Ralf Schumacher sitzt in einem McLaren MP 4/11. In wenigen Augenblicken wird er auf die englische Grand-Prix-Strecke rollen und im Boliden seine Formel-1-Jungfernfahrt bestreiten. Zwei Tage lang hat Ralf den ihm unbekannten Kurs testen können. Dafür stellte man ihm ein britisches Formel-3000-Auto des Supernova-Teams zur Verfügung. Jetzt läuft der 700 PS starke Zehnzylinder von Mercedes-Benz auf Touren, Test-Ingenieur Tim Goss gibt über Funk das Kommando zum Losfahren – der „kleine Schumacher" betritt geräuschvoll die Königsklasse. Am Abend können die Statistiker seinem frisch eröffneten Formel-1-Konto 76 konstante Testrunden und eine Bestzeit von 1.29,2 Minuten gutschreiben. Nach der Formel-1-Feuertaufe im McLaren-Mercedes gab es für den inzwischen 21 Jahre alten Ralf Schumacher überschwängliches Lob. Der viermalige Weltmeister Alain Prost, Testfahrer bei McLaren, meinte gegenüber dem Sportinformationsdienst (sid) anerkennend: „Ralf hat einen wirklich tollen Job gemacht, er scheint reif genug zu sein, um 1997 Formel 1 zu fahren." Mercedes-Motorsportchef Norbert Haug sagte gegenüber sid, die Premiere von Ralf Schumacher hätte nicht besser laufen können. Sein Einstand sei für das Team von Ron Dennis eine wahre Freude gewesen. Haug im sid-Interview weiter: „Der ganze Tag verlief ohne Probleme. Auch die Beobachtungen und Beschreibungen, die Ralf über das Auto gemacht hat, haben bei dem Team einen hervorragenden Eindruck hinterlassen."

Natürlich wussten alle Experten nach dem beeindruckenden Silverstone-Einsatz von Ralf, dass es eigentlich noch zu früh war für konkrete F-1-Zukunftspläne. Schon Norbert Haug hatte vor allzu großer Euphorie gewarnt und auf einer weiteren Testfahrt bestanden. Er wollte sich erst ein genaueres Bild von „Schumi II" machen. Schumacher-Manager Willi Weber warf Nebelkerzen. „So sensationell ich Ralfs Leistung auch fand, jetzt muss er erst einmal in Japan die Meisterschaft gewinnen. In den nächsten vier Wochen hat er dort drei harte Rennen vor sich. Dann sehen wir weiter", bremste Weber nach außen hin. Hinter den Kulissen bastelte der Schwabe aber bereits an einem F-1-Vertrag für den jüngeren der Schumacher-Brüder. Ralfs Erfolge in der Japanischen Formel-3000-Meisterschaft hatten dem Management die Weichenstellung in die Grand-Prix-Zukunft und die Vertragsverhandlungen inzwischen erleichtert.

Wenige Wochen nach der Silverstone-Testfahrt entschlüpfte die Katze dem Sack. Das Magazin auto, motor und sport wusste schon Bescheid. Das Blatt verkündete: „Ralf Schumacher für zwei Jahre zu Jordan." In einer sid-Meldung vom 19. September wurde der Formel-1-Einstieg bestätigt. Der Agenturtext: „Die Verpflichtung von Ralf Schumacher soll von Jordan am Freitag in Estoril, wo am Wochenende der Große Preis von Portugal stattfindet, offiziell verkündet werden. ‚Wir mussten bei Jordan zugreifen', sagt Manager Willi Weber, nachdem der erhoffte Transfer zu McLaren-Mercedes geplatzt war. ‚Für einen Testvertrag ist Ralf schon zu gut.' Auch Bruder Michael ist voll des Lobes: ‚Ich freue mich für Ralf. Er ist reif für die Formel 1, ein weiteres Jahr in Japan hätte ihn nicht weitergebracht.‘

Eddie Jordan und Ralf Schumacher vor ihrer ersten gemeinsamen F-1-Saison.

Ralf Schumacher ist der 47. deutsche Grand-Prix-Pilot, der seit Einführung der Weltmeisterschaft 1950 den Sprung in die Formel 1 geschafft hat. Die beiden ‚Schumis' sind das zehnte Brüder-Paar in der Formel 1. Damit kommt es 1997 zu einem Jahr der Superlative aus deutscher Sicht in der Formel 1 mit dem ‚Trio Infernale' Michael und Ralf Schumacher sowie dem Mönchengladbacher Heinz-Harald Frentzen."

Am 22. September 1996 war der Vertrag mit Jordan unter Dach und Fach, Ralf formulierte kurze Zeit später gegenüber der Presse erstmals seine Saisonziele für die Formel 1. „Ich muss den Leuten nicht zeigen, wie schnell ich bin. Ich möchte bessere Resultate erzielen, als es für Jordan in der abgelaufenen Saison der Fall war", versprach der Grand-Prix-Neuling selbstbewusst.

Die letzten Monate und Wochen des alten Jahres standen bei Jordan dann ganz im Zeichen intensiver Testfahrten und der Suche nach dem Mann für das zweite Cockpit. Die Testfahrten sorgten im Herbst weniger für Schlagzeilen (Ralf gelassen: „Wir haben alle Tests mit dem alten Auto gemacht, deshalb habe ich gemischte Gefühle, was die kommende Saison angeht. Das neue Auto wird erst in der letzten Januar-Woche fertig. Ich bin aber nicht nervös und bin ganz froh, dass mich das Ganze relativ cool lässt.") Pressewirbel gab es da schon eher um Comeback-Gerüchte, die vom englischen Radiosender BBC und von der seriösen Times verbreitet worden waren. Ex-Weltmeister Nigel Mansell, so berichteten beide Medien, denke laut über eine Rückkehr ins Formel-1-Geschäft nach. Das vierte Comeback des inzwischen 43-jährigen Briten solle Jordan rund zehn Millionen Dollar kosten. Wie die Times weiter schrieb, habe Jordans Hauptsponsor nach der Absage von Weltmeister Damon Hill, der beim Arrows-Team unterzeichnete, nach einem „großen Namen" verlangt. Da bliebe, so die Schlussfolgerung des Blattes, nur Mansell. BBC ergänzte, die Entscheidung liege nun bei dem Ex-Champion, der habe sich Bedenkzeit erbeten.

Eine Rückkehr von Nigel Mansell in die Königsklasse an der Seite von Ralf Schumacher wurde kurz vor Weihnachten immer wahrscheinlicher. Dreimal hatte Mansell schon seinen endgültigen Abschied von der Formel 1 verkündet, dreimal war er wieder „rückfällig“ geworden. In seiner Karriere hatte der Pilot bis dahin 187 Grand-Prix-Einsätze bestritten, von denen er 31 gewann. 1992 wurde Mansell nach vielen vergeblichen Anläufen im Williams-Renault F-1-Weltmeister. Als er nun Anfang Dezember vor den Toren Barcelonas eineinhalb Tage lang den Jordan-Peugeot testete, schien für viele Kenner der Szene sein erneutes Formel-1-Engagement bereits beschlossene Sache. Etwa zwei Wochen später gab der Brite dann bekannt: „Nach Beratung mit meiner Familie und meinen Geschäftsberatern ist mir klar geworden, dass es mir mein Terminplan nicht erlaubt, genügend Zeit für das Team und seine Sponsoren aufzubringen.“ Nach der überraschenden Kehrtwende Mansells musste Eddie Jordan rasch handeln. Und wieder einmal bewies der Teamchef Mut: Neben Ralf Schumacher nahm er für 1997 einen weiteren F-1-Neuling unter Vertrag, den Italiener Giancarlo Fisichella. „Unsere größten Erfolge hatten wir immer mit jüngeren Fahrern“, begründete Jordan seine Entscheidung später vor der Presse.

Ralf verbrachte das Weihnachtsfest vor seiner ersten GP-Saison mit seinen Eltern im Domizil in Monaco. Dort fragte ihn rallye racing: „Sind Sie heiß auf den Saisonbeginn?“ Ralf: „Natürlich freue ich mich schon, aber es ist nicht so, dass ich die Tage zähle. Ich will optimal gerüstet in die Saison starten. Deshalb bin ich für jeden Tag, der uns zur Vorbereitung bleibt, dankbar.“ Mit leichtem „Magenkribbeln“ fieberte Ralf Schumacher nach harten Testfahrten im neuen Jordan-Peugeot Ende Februar 1997 dem Ernstfall „Melbourne“ entgegen. Hier sollte am 9. März der 1. Lauf der neuen Formel-1-Saison gestartet werden. Der Große Preis von Kanada – für den jüngeren der Schumacher-Brüder gleichzeitig die Premiere in der höchsten Klasse des Motorsports. Seine leichte Aufgeregtheit gab Ralf in einem Interview mit dem Sportinformationsdienst zu. „Ich habe keine Vorbilder und will auch keinen bestimmten Rennfahrertyp verkörpern. Ich fühle mich nicht als Star. Ich möchte so bleiben wie ich bin“, sagte der Bruder des Ferrari-Piloten gegenüber der Presseagentur.

Teamchef Eddie Jordan lobte Ralf Schumacher im Vorfeld des 1. Laufes zur Formel-1-WM noch einmal über den grünen

Klee. Sein neuer Fahrer sei eines der größten Talente in der Formel 1, meinte Jordan. „Ralf kann 1997 Rennen gewinnen." Auch der neue Jordan-Peugeot, der bereits Anfang Februar der Öffentlichkeit vorgestellt wurde, stimmte den irischen Geschäftsmann optimistisch. Fünf Millionen Pfund waren nach Jordans Angaben in die technische Weiterentwicklung des Autos investiert worden.

Das Ergebnis bei der Präsentation überraschte positiv. Schon am Äußeren konnte man erkennen, dass das Jordan-Team 1997 die Konkurrenz mit Biss attackieren wollte: Auf der spitzen hellgelben Fahrzeug-Nase leuchtete ein Fabelreptil, aus dessen Maul eine rote Schlangenzunge bis zum Cockpit reicht. Daneben fiel sofort ein neues „Kühlsystem" auf – extrem kleine Seitenkühler und eine ovale Airbox über dem Cockpit. Chef-Konstrukteur Gary Anderson erklärte bei der Presseshow: „Unser Hauptaugenmerk galt aerodynamischen Verbesserungen, außerdem haben wir an der Hinterachse einiges variiert. Wir sollten etwa 1,6 Sekunden pro Runde schneller als im Vorjahr sein." Auch Jordan-Partner Peugeot ließ sich bei der Vorstellung des neuen Rennwagens in London ein wenig in die Karten blicken. Sportdirektor Pierre-Michel Fauconnier sagte, das Hauptaugenmerk sei auf mehr Leistung und höhere Drehzahlen gelegt worden. Der 127 Kilogramm schwere Zehnzylinder-Motor A14 sei leichter und kleiner als das Vorgänger-Modell und habe deshalb einen tieferen Schwerpunkt. Alles in allem gingen Peugeot und das Jordan-Team also gut gerüstet ins neue Grand-Prix-Jahr. Ralf jedenfalls gab sich in London zuversichtlich: „Das Auto sieht verdammt gut aus, wenn es so schnell ist wie es aussieht, haben wir gute Chancen." Und dann kam die Grand-Prix-Saison 1997 ...

Pech bei der Formel-1-Premiere
9. März 1997, GP von Australien in Melbourne

107.000 Zuschauer im Albert Park von Melbourne erlebten am 9. März 1997 einen Sieg des McLaren-Mercedes-Piloten David Coulthard. Beim dramatischen WM-Auftaktrennen sicherte sich Doppel-Weltmeister Michael Schumacher im Ferrari den zweiten Platz vor dem Finnen Mika Häkkinen, der den Glückstag für McLaren-Mercedes abrundete. Der Sieg von Coulthard war der erste Triumph für McLaren nach 49 sieglosen Großen Preisen. Den letzten Sieg für das Unternehmen hatte der Brasilianer Ayrton Senna am 7. November 1993 erzielt.

Das von der Presse viel beschworene „Jahr der Deutschen“ begann in Australien mit Pleiten, Pech und Pannen. Heinz-Harald Frentzen hatte im Williams-Renault einen Blitzstart hingelegt und danach lange geführt. Ein verpatzter zweiter Boxenstopp in der 39. Runde kostete zunächst Platz eins im Feld, drei Runden vor Schluss brach am Williams eine überhitzte Bremsscheibe, das Aus für den immer noch an zweiter Position liegenden Mönchengladbacher. Michael Schumacher musste im Rennen einen zusätzlichen Boxenstopp einlegen, weil er nicht mehr genug Sprit im Tank hatte. Ein möglicher Sieg war verschenkt. Und Bruder Ralf?

Er kam zunächst bei seinem ersten Grand-Prix-Einsatz gut vom Start weg und schaffte auch die erste Runde ohne Probleme. In der zweiten Runde brach dann plötzlich eine der beiden Antriebswellen. Der Debütant war nach dem ersten Lauf der Formel-1-Weltmeisterschaft 1997 ein gefragter Interviewpartner. Die Deutsche Presse Agentur zitierte Ralf: „Es kann schon mal was kaputtgehen, das sollte aber eigentlich nicht in der zweiten Runde passieren.“

Lehrgeld in der Formel 1
30. März 1997, GP von Brasilien in Interlagos

Heinz-Harald Frentzen wurde am 30. März beim 2. Saisonlauf in Interlagos im „Wunder-Williams FW19-2“ zur tragischen Figur der Formel 1. Der Mönchengladbacher erreichte nach seinem enttäuschenden Ergebnis in Melbourne beim Großen Preis von Brasilien nur Rang neun. Frentzen wollte in diesem Jahr mit Vollgas aus dem Schatten von Michael Schumacher herausfahren – so zumindest hatte er es angekündigt. Die britische Presse bedachte ihn nach dem Rennen mit Spott und sprach von „Versager“.

Der Mann des Tages war Frentzens Teamkollegen Jacques Villeneuve. Er siegte in Interlagos vor Gerhard Berger, Olivier Panis, Mika Häkkinen und Michael Schumacher.

Ralf Schumacher musste auch in seinem zweiten Formel-1-Rennen Lehrgeld zahlen: er schied in der 52. Runde wegen eines Elektronikschadens am Jordan-Peugeot aus. Bis zu diesem Zeitpunkt lag Ralf auf Platz zwölf. „Immerhin bin ich schon weiter gekommen als bei meinen Debüt“, meinte er mit einem Anflug von Ironie nach dem Rennen.

Ein Schumacher auf dem Podest
13. April 1997, GP von Argentinien in Buenos Aires

„Reifeprüfung mit Bravour bestanden“ – so lautete eine der Schlagzeilen nach dem Großen Preis von Argentinien in Buenos Aires. Dort fuhr Ralf Schumacher am 13. April 1997 vor 60.000 Zuschauern sein bislang bestes Formel-1-Rennen. Der Jordan-Pilot belegte beim 600. Grand Prix der Formel-1-Geschichte den dritten Rang hinter Jacques Villeneuve auf Williams und Ferrari-Pilot Eddie Irvine.

Ralf Schumacher kam damit bereits in seinem dritten Großen Preis zu WM-Punkten. Damit war der 21-jährige Kerpener nur ein Rennen „langsamer“ in den Punkterängen als Bruder Michael, der 1991 in Monza bei seinem zweiten Grand Prix Fünfter wurde. Allerdings fiel auch ein Schatten auf Ralf Schumachers Erfolg: Bei einem Angriff auf seinen Teamkameraden Giancarlo Fisichella, bei dem er innen überholen wollte, touchierten die beiden Jordan-Fahrer. Der Italiener konnte das Rennen danach nicht fortsetzen.

Michael Schumacher schied mit seinem Ferrari bereits kurz nach dem Start nach einer Kollision mit Rubens Barrichello (Stewart-Ford) aus. Heinz-Harald Frentzen (Williams-Renault) musste sein Fahrzeug in der sechsten Runde wegen technischer Probleme an der Hydraulik abstellen.

Frustriert in Imola
27. April 1997, GP von San Marino in Imola

27. April 1997, ein historischer Grand-Prix-Tag in Imola. Beim Großen Preis von San Marino standen erstmals in der 47-jährigen Geschichte der Formel 1 zwei deutsche Fahrer auf den Plätzen eins und zwei. Es gewann Williams-Pilot Heinz-Harald Frentzen vor Michael Schumacher. Schumachers Teamkollege Eddie Irvine konnte sich als Dritter über den zweiten Podestplatz der Scuderia Ferrari freuen. Der Kanadier Jacques Villeneuve schied in der 42. Runde in seinem Williams FW19-4 zwar aus, blieb aber mit 20 Punkten Spitzenreiter vor dem neuen Zweiten Michael Schumacher (14).

Traurig verließ an diesem Sonntag Ralf Schumacher das „Autodromo Enzo e Dino Ferrari". Er hatte in der 18. Runde wegen eines technischen Defekts an seinem Jordan-Peugeot die Box ansteuern müssen. Zu diesem Zeitpunkt lag „Schumi II" noch an vierter Stelle. Journalisten erklärte Ralf hinterher sichtlich frustriert: „Die Antriebswelle ist mir weggeflogen."

Regen-Krimi am Mittelmeer
11. Mai 1997, GP von Monaco in Monte Carlo

Ferrari-Pilot Michael Schumacher übernahm am 11. Mai 1997 erstmals seit seinem Titelgewinn im November 1995 und 21 Großen Preisen die Führung in der Formel-1-Weltmeisterschaft. Er gewann zum dritten Mal auf dem berühmt-berüchtigten, im Dauerregen seifenglatten Stadtkurs von Monte Carlo vor dem Brasilianer Rubens Barrichello im Stewart-Ford und vor dem zweiten Ferrari-Piloten Eddie Irvine.

Das Williams-Team hatte bei diesem Regen-Rennen auf völlig falsche Reifen gesetzt – Jacques Villeneuve und Heinz-Harald Frentzen schieden in der 16. bzw. 39. Runde aus.

Ralf Schumacher rutschte mit seinem Jordan-Peugeot auf dem glitschigen Asphalt schon in der zehnten Runde in die

Leitplanken. Für ihn war es das vierte von fünf Saisonrennen, das er vorzeitig beenden musste. Zum Zeitpunkt seines Ausscheidens lag der Youngster an dritter Stelle des Feldes. Seine Erklärung für den Regen-Unfall: „Ich war einfach ein bisschen zu schnell gewesen, dadurch bin ich ins Rutschen gekommen und in den Leitplanken gelandet.“

Bittere Stunden in Barcelona
25. Mai 1997, GP von Spanien in Barcelona

Es war kein guter Tag für die drei deutschen Formel-1-Fahrer beim Großen Preis von Spanien am 25. Mai 1997. Michael Schumacher (Ferrari) kam im sechsten WM-Lauf der Saison nur als Vierter ins Ziel. Heinz-Harald Frentzen (Williams-Renault) hatte während des Rennens immer größere Reifenprobleme und fiel bereits nach knapp 30 Runden vom zweiten bis auf den elften Platz zurück.

Großes Pech in Spanien hatte Ralf Schumacher. Sein Jordan-Peugeot blieb noch vor der Einführungsrunde mit abgewürgtem Motor stehen, und der 21 Jahre alte Formel-1-Neuling musste sich beim zweiten Versuch als 22. Pilot ganz hinten im Feld einreihen. Ralfs eigentlicher Startplatz wäre in der fünften Reihe gewesen. In der 50. von 64 Runden schied der Jordan-Fahrer mit einem technischen Defekt aus.

Mit seinem dritten Saisonsieg erkämpfte sich der Kanadier Jacques Villeneuve wieder die Führung in der Fahrerwertung: Der Williams-Renault-Pilot lag nach Ende des Grand Prix mit 30 Zählern vor Michael Schumacher (27). Zweiter hinter Villeneuve wurde in Barcelona der Franzose Olivier Panis vor seinem Landsmann Jean Alesi (Benetton-Renault).

Rennabbruch nach Panis-Unfall
15. Juni 1997, GP von Kanada in Montreal

Spannung und Dramatik: Der siebte Formel-1-Lauf am 15. Juni 1997 in Montreal hatte es in sich. Während Michael Schumacher im Ferrari F310B der zweite Saisonsieg gelang und er sich die WM-Gesamtwertung zurückeroberte, gab es beim Kanada-GP gleich vier große Pechvögel. Lokalmatador Jacques Villeneuve rutschte kurz vor Ende der zweiten Runde mit seinem Williams in einer Schikane von der Piste und knallte mit dem linken Vorderrad in eine Betonmauer. David Coulthard verpasste wegen eines Kupplungsschadens seinen schon sicher geglaubten zweiten Saisonsieg im McLaren-Mercedes. Coulthards Teamkollege Mika Häkkinen überstand nach einem Startunfall nicht einmal die erste Runde. Der vierte im Bunde war Ralf Schumacher. Ihm wurde ein geplatzter Reifen zum Verhängnis.

Sein Jordan-Peugeot hatte in der 14. Runden nach einem Reifenknaller zunächst die Streckenbegrenzung berührt, war dann scheinbar ungesteuert aus der Kurve gerast und in einen Reifenstapel geprallt. Ralf Schumacher, der in Montreal im siebten WM-Lauf zum sechsten Mal nicht das Ziel erreichen konnte, kam mit dem Schrecken davon. In der Pressekonferenz erklärte der Jordan-Fahrer den Unfall aus seiner Sicht: „Mir ist ein Reifen geplatzt, deshalb bin ich geradeaus gefahren. Das ist ärgerlich, aber ich bin gottfroh, dass nichts passiert ist.“

Bruder Michael Schumacher wurde beim Großen Preis von Kanada zum Sieger erklärt, nachdem die Veranstaltung in der 56. von ursprünglich geplanten 69 Runden nach einem schweren Rennunfall von Olivier Panis abgebrochen worden war. Zweiter Fahrer zu diesem Zeitpunkt war Jean Alesi im Benetton-Renault. Giancarlo Fisichella (Jordan-Peugeot) wurde Platz drei zugesprochen.

Deutscher Tag in der Formel 1
29. Juni 1997, GP von Frankreich in Magny-Cours

Michael Schumacher (Ferrari) und Heinz-Harald Frentzen (Williams-Renault) krönten am 29. Juni 1997 mit einem Doppelsieg das deutsche Formel-1-Wochenende beim Großen Preis von Frankreich in Magny-Cours. Schumacher legte bei strömendem Regen mit dem 25. Grand-Prix-Sieg seiner Karriere – dem dritten Sieg in dieser Saison nach Barcelona und Montreal – einen weiteren großen Schritt auf dem Weg zum dritten WM-Titel zurück.

Den dritten Platz vor 75.000 Zuschauern belegte Schumachers Teamkollege Eddie Irvine vor Jacques Villeneuve (Williams-Renault). Im WM-Klassement führte nach Magny-Cours Michael Schumacher mit 47 Punkten vor Villeneuve (33).

Den „deutschen Tag" in Frankreich rundete Ralf Schumacher ab. Als Sechster im Jordan-Peugeot sorgte er dafür, dass alle drei deutschen Formel-1-Piloten in die Punkteränge kamen.

Ein schwarzer Sonntag
13. Juli 1997, GP von England in Silverstone

Die deutschen Formel-1-Piloten Michael Schumacher und Heinz-Harald Frentzen erlebten am 13. Juli 1997 beim neunten WM-Lauf in Silverstone einen „schwarzen Sonntag": Der Ferrari-Pilot schied beim Großen Preis von England in Silverstone mit einem technischen Defekt aus, nachdem schon alles nach einem sicheren dritten Sieg Schumachers in Serie ausgesehen hatte.

Frentzen war im Williams-Renault bereits in Runde eins von der Strecke geflogen. Das Silverstone-Rennen gewann Jacques Villeneuve. Es war der 100. Grand-Prix-Sieg für das Williams-Team in der Formel 1. Jean Alesi (Benetton-Renault) kam als Zweiter ins Ziel. Dritter wurde Benettons Berger-Ersatzmann Alexander Wurz.

Ralf Schumacher belegte in Silverstone Platz fünf hinter David Coulthard (McLaren-Mercedes) und erhielt zwei WM-Punkte.

Hut ab vor Berger
27. Juli 1997, GP von Deutschland in Hockenheim

Ein sensationelles Comeback feierte am 27. Juli 1997 in Hockenheim der Österreicher Gerhard Berger. Er gewann im Benetton-Cockpit den Großen Preis von Deutschland, den zehnten Lauf der Formel-1-Weltmeisterschaft, vor Ferrari-Pilot Michael Schumacher und Mika Häkkinen im McLaren. Berger hatte zuvor 52 Tage wegen zweier Operationen pausieren müssen. Schumacher-Verfolger Jacques Villeneuve landete mit seinem Williams-Renault in der 33. Runde im Kiesbett und blieb ohne Punkte.

Ralf Schumacher belegte beim Grand Prix von Deutschland den fünften Rang und kam damit bereits zum zweitenmal hintereinander ohne größere Zwischenfälle ins Ziel.

Schumacher vor Schumacher
10. August 1997, GP von Ungarn in Budapest

Ein Reifen-Fiasko gab es beim 11. Lauf der Formel-1-Weltmeisterschaft am 10. August 1997 in Ungarn für Michael Schumacher. Im Training noch Schnellster, hatte er beim Rennen dann größte Probleme mit den Reifen und belegte nur einen enttäuschenden vierten Platz. In Budapest siegte Schumacher-Verfolger Jacques Villeneuve (Williams) vor Damon Hill (Arrows) und Johnny Herbert (Sauber C16).

Hill hatte vor rund 120.000 Zuschauern bis zur Schlussrunde das Feld angeführt, ehe ihn Probleme an der Benzinpumpe stoppten und Villeneuve noch an ihm vorbeizog. Ferrari-Pilot Schumacher konnte als Vierter mit 56 Punkten immerhin noch die WM-Führung vor Villeneuve (53) verteidigen.

Ralf Schumacher kam auch beim Ungarn-GP ans Ziel und diesmal in die Punktewertung. Er wurde im Jordan-Peugeot hinter seinem Bruder Fünfter.

Doppeltes Pech für Ralf
24. August 1997, GP von Belgien in Spa

12. Lauf in der Formel 1: Doppel-Weltmeister Michael Schumacher feierte am 24. August 1997 beim Großen Preis von Belgien in Spa-Francorchamps seinen vierten Saisonsieg. Er wies damit seinen einzigen WM-Konkurrenten Jacques Villeneuve, der Fünfter wurde, klar in die Schranken. Zweiter wurde Giancarlo Fisichella im Jordan-Peugot vor Mika Häkkinen im McLaren-Mercedes.

Ralf Schumacher hatte bei seinem ersten Grand Prix in Spa großes Pech und schied in Runde 21 aus. „Es stinkt mir“, sagte der Pilot frustriert nach dem Rennen zu Journalisten. Ralf hatte seinen Jordan-Peugeot zunächst in der Einführungsrunde ins Kiesbett gesetzt – Aquaplaning. Der Kerpener musste danach in das auf seinen Teamkollegen Fisichella abgestimmte Ersatzauto umsteigen und das Rennen von der letzten Startposition aus aufnehmen. In der 21. Runde drehte sich „Schumi II“ aus einer Kurve kommend in die Leitplanken. Es war der siebte Ausfall in dieser Saison für den 22-jährigen Kerpener.

„So verhalten sich unerfahrene Piloten“ 7. September 1997, GP von Italien in Monza

7. September 1997, Monza, 13. Lauf zur Fahrerweltmeisterschaft in der Formel 1: Mit seinem zweiten Saisonsieg beim Großen Preis von Italien sorgte der Schotte David Coulthard bei McLaren-Mercedes für ein Freudenfest. Zweiter wurde der bis zur Hälfte des Rennens führende Franzose Jean Alesi (Benetton-Renault) vor Heinz-Harald Frentzen (Williams). Doppel-Weltmeister Michael Schumacher raste 11,48 Sekunden nach Coulthard über die Ziellinie und wurde vor 110.000 enttäuschten Tifosi nur Sechster. In der WM-Wertung blieb der Ferrari-Pilot mit 67 Punkten in Führung vor Villeneuve (57), Alesi (28) und Frentzen (27).

In der 39. Runde hatte der Brite Johnny Herbert im Sauber-Petronas einen Abflug bei hohem Tempo glücklich überstanden. Vorausgegangen war eine Kollision mit Jordan-Fahrer Ralf Schumacher. Schumacher hatte am Ende der 38. Runde versucht, den Sauber-Piloten zu überholen, Herbert dabei aber nach außen abgedrängt. Der Engländer raste anschließend an der Streckenbegrenzung entlang, rutschte durchs Kiesbett und prallte mit hohem Tempo in einen Reifenstapel. Für beide Piloten war danach das Rennen gelaufen. Nach dem Unfall erhoben Herbert und Teamchef Peter Sauber schwere Vorwürfe gegen Ralf Schumacher. Die Deutsche Presse Agentur (dpa) verbreitete danach die Statements der Betroffenen. Sauber erklärte vor der Presse: „Der Unfall von Johnny an einer der schnellsten und damit gefährlichsten Stellen in Monza, verursacht durch einen Konkurrenten, gehört zu den negativsten Erfah-

rungen, die ich im Motorsport gemacht habe. Rennfahrer, die auf diese Weise einen Vorteil suchen, gefährden nicht nur die Gesundheit anderer Fahrer, sondern erweisen unserem Sport einen schlechten Dienst.“ Ralf verteidigte sich: „Ich hatte das Gefühl, dass Johnny zu spät abgebremst hat. Sollte es so sein, dass ich ihn berührt habe, möchte ich mich entschuldigen.“ Herbert gab sich unversöhnlich: „Was er scheinbar nicht versteht, ist, dass man an solchen Hochgeschwindigkeitsstellen dem Konkurrenten den nötigen Platz lassen muss, und genau das hat er nicht getan. So verhalten sich unerfahrene Piloten, die noch eine Menge zu lernen haben.“

Gelbe Flagge, Konfusion und Strafe
21. September 1997, GP von Österreich in Zeltweg

Ein unbeherrschtes Überholmanöver mit einer Zeitstrafe als Folge setzten Ferrari-Pilot Michael Schumacher im Kampf um die Formel-1-Weltmeisterschaft beim Großen Preis von Österreich in Zeltweg erheblich unter Druck. Nach einer Kollision zwischen Jean Alesi (Benetton) und Eddie Irvine (Ferrari), bei der Alesi abhob und mit seinem Fahrzeug im Kiesbett landete, wurde die Gelbe Flagge gezeigt. Schumacher überholte dennoch Heinz-Harald Frentzen (Williams) und erhielt eine Zehn-Sekunden-Zeitstrafe. Dadurch fiel er vom dritten auf den neunten Rang zurück.

Den Großen Preis von Österreich in Zeltweg am 21. September 1997 gewann Williams-Renault-Pilot Jacques Villeneuve vor David Coulthard im McLaren-Mercedes. Dritter wurde Heinz-Harald Frentzen im zweiten Williams.

Ralf Schumacher steuerte seinen Jordan-Peugeot als Fünfter hinter Teamkollege Giancarlo Fisichella aber noch vor seinem großen Bruder Michael ins Ziel. Der Lohn: zwei Weltmeisterschaftspunkte.

Schumacher-Debakel in der Eifel
28. September 1997, GP von Luxemburg am Nürburgring

Ausgerechnet der eigene Bruder! Beim Großen Preis von Luxemburg auf dem Nürburgring spielten sich am 28. September 1997 Rennsportszenen ab, die die Beteiligten und die 120.000 Zuschauer nicht so schnell vergessen sollten. Für Michael Schumacher setzte sich ausgerechnet in seinem 100. Jubiläums-Grand-Prix die schwarze Serie mit zuletzt lediglich zwei sechsten Plätzen fort. Schlimmer noch: Nach einer Karambolage mit Bruder Ralf musste der Ferrari-Pilot Ende der zweiten Runde resigniert sein Fahrzeug abstellen. Jacques Villeneuve dagegen konnte beim Großen Preis von Luxemburg im Williams-Renault seinen siebten Saisonsieg feiern. Ebenso hart traf es am Nürburgring die Silberpfeile: Nacheinander schieden die gemein-

sam in Führung liegenden Mika Häkkinen und David Coulthard aus.

Zweiter des 15. WM-Laufes hinter Villeneuve wurde Jean Alesi im Benetton-Renault. Heinz-Harald Frentzen kam nach einem verpatzten Start und dank der vielen Ausfälle mit seinem Williams-Renault zum vierten Mal hintereinander noch auf Rang drei. Villeneuve übernahm nach dem 15. von 17 Rennen um die Formel-1-WM mit 77 Punkten die Führung vor Michael Schumacher (68) und Heinz-Harald Frentzen (35).

Michael und Ralf Schumacher verließen vor Ende des Rennens fluchtartig den Nürburgring. Zuvor hatten die Brüder im Ferrari-Bus offensichtlich noch ihre Erklärungen für die Presse abgestimmt. Die Deutsche Presse Agentur berichtete später: „Zum Verhängnis wurde dem 26-maligen Grand-Prix-Sieger das erbitterte Duell zweier junger Heißsporne um die Vorherrschaft bei Jordan-Peugeot. Der 22-jährige Ralf Schumacher, als

Trainingsachter ins Rennen gegangen, nahm nach seinem glänzenden Start gemeinsam mit dem zwei Jahre älteren Italiener und Trainingsvierten Giancarlo Fisichella seinen großen Bruder praktisch als ‚Sandwich' in die Mitte. Zwar konnte sich der Doppelweltmeister, der als Fünfter gestartet war, zunächst aus der gefährlichen Situation befreien, doch als Fisichella dem drängelnden Ralf Schumacher in die Seite fuhr, flog dieser über den Ferrari."

Michael Schumacher konnte nach der Kollision zwar noch ins Kiesbett ausweichen, musste aber am Ende der zweiten Runde seinen Ferrari in die Box fahren. „Wenn Ralf nicht in die Luft gegangen wäre, wäre alles gut gegangen", meinte der Ferrari-Fahrer kurz darauf. Und Michael verteidigte seinen Bruder vehement: „Jeder will nach dem Start die beste Rennposition erreichen, deshalb war das ein ganz normaler Rennunfall."

Weniger moderat gingen danach die Medien mit dem Jordan-Piloten um. So schrieb dpa beispielsweise: „Wenn das ‚Greenhorn' im knallgelben Auto heranprescht, sieht die Konkurrenz Rot. Ralf Schumacher, der junge Kerpener in den Diensten von Jordan-Peugeot, sorgte in seinem Debütjahr im Formel-1-Zirkus schon für dicke Schlagzeilen – und die fielen nicht immer gut aus. Logisch, dass dem talentierten Heißsporn gerade in kritischen Situationen noch die Erfahrung fehlt. Oder der Überblick. Denn oft hat er sich nur auf das interne Dauerduell mit seinem sehr schnellen Teamkollegen Giancarlo Fisichella (Italien) konzentriert. Dreimal war die ‚Rennkobra' des 22-Jährigen in dieser Saison besonders giftig: Beim Großen Preis von Argentinien (13. April) schoss ‚Schumi II' bei einem Überholmanöver ausgerechnet Fisichella ab. Beim Italien-Grand-Prix von Monza (7. September) drängelte der Youngster den englischen Sauber-Mann Johnny Herbert bei Höllentempo auf der langen Geraden von der Piste ... Und beim Großen Preis von Luxemburg vermasselte er am Sonntag seinem großen Bruder Michael wahrscheinlich die dritte Weltmeisterschaft."

Nach diesem denkwürdigen Grand Prix wurde die Schuldfrage noch lange und heftig diskutiert. Ralf Schumacher tat das einzig Richtige:Er entschuldigte sich aufrichtig bei seinem Stallgefährten Fisichella und bei seinem Bruder Michael.

Formel-1-WM wieder offen
12. Oktober 1997, GP von Japan in Suzuka

„Vor dem Finale in Spanien hat Michael Schumacher im spannenden WM-Duell mit seinem Widersacher Villeneuve wieder die besseren Karten“ – die Schlagzeilen in Deutschland nach dem Großen Preis von Japan am 12. Oktober 1997 in Suzuka. Beim 16. WM-Lauf gewann der Doppel-Weltmeister vor dem Mönchengladbacher Heinz-Harald Frentzen im Williams. Dritter wurde der zweite Ferrari-Pilot Eddie Irvine.

Schumachers WM-Konkurrent Jacques Villeneuve (Williams-Renault) wurde nachträglich vom Internationalen Automobilverband (FIA) wegen der Missachtung Gelber Flaggen im Freien Training disqualifiziert. Villeneuve behauptete nach dem GP von Japan mit 79 Punkten (Schumacher 78) noch knapp die Führung in der Fahrerwertung.

Jordan-Peugeot-Pilot Ralf Schumacher wurde in Suzuka Zehnter. Williams sicherte sich in Japan bereits die Konstrukteurs-Weltmeisterschaft.

WM-Titel im Mülleimer
26. Oktober 1997, GP von Europa in Jerez

Das letzte Rennen der Formel-1-Saison 1997 brachte dem Fernsehsender RTL die höchste Sport-Einschaltquote des Jahres – 16,57 Millionen Zuschauer verfolgten am 26. Oktober den Großen Preis von Europa im spanischen Jerez und sahen einen äußerst umstrittenen Auftritt des WM-Titelaspiranten Michael Schumacher.

Die Formel-1-Weltmeisterschaft 1997 entschied sich zu Beginn der 48. Runde am Ende der Zielgeraden vor der „Dry Sack-Kurve“. Hier setzte Jacques Villeneuve alles auf eine Karte und zog innen neben Schumacher. Der Ferrari-Pilot wurde vom Williams, der plötzlich auf gleicher Höhe auftauchte, überrascht. Vor Schreck oder mit Absicht? Michael Schumacher jedenfalls riss die Lenkung sofort wieder herum und drohte den Gegner von der Bahn zu schießen. Doch Villeneuve raste davon, Schumacher landete mit zerstörter vorderer rechter Aufhängung im Kiesbett. Ein unrühmliches Ende. Das Manöver wurde von der internationalen Presse schonungslos gebrandmarkt. „Michael, du hast den Titel in den Mülleimer geworfen“, schäumte Gazzetta dello Sport. Michael Schumacher selbst zeigte keine Reue und brachte die Öffentlichkeit durch seine Erklärungsversuche nur noch mehr gegen sich auf. „Wäre ich nicht gewesen, wäre auch Villeneuve von der Strecke abgekommen und auf der Wiese gelandet. Mich trifft keine Schuld, ich würde es wieder so machen“, sagte er bei seinem peinlichen Abgang.

Mehr Tiefen als Höhen: Das erste Jahr von Ralf Schumacher in der Königsklasse glich einer Achterbahnfahrt. Mit seinem dritten Platz im dritten Formel-1-Rennen in Argentinien übertrumpfte der „kleine Schumi“ sogar seinen großen Bruder, der dafür mehr Versuche benötigt hatte. Zwischen Frankreich und Ungarn fuhr er viermal in Serie in die Punkte. Negativ zu Buche schlugen zehn Ausfälle des Formel-1-Einsteigers, dessen Fahrstil die Fachwelt 1997 als „häufig zu forsch und ungestüm“ bezeichnete.

Der Endstand in der Formel-1-Weltmeisterschaft 1997: 1. Jacques Villeneuve, 2. Michael Schumacher (ihm wurde der Vize-WM-Titel wegen des Vorfalls in Jerez später aberkannt), 3. Heinz-Harald Frentzen, 4. David Coulthard, 5. Jean Alesi, 6. Gerhard Berger, 7. Mika Häkkinen, 8. Eddie Irvine, 9. Giancarlo Fisichella, 10. Olivier Panis, 11. Johnny Herbert, 12. Ralf Schumacher, 13. Damon Hill, 14. Rubens Barrichello, 15. Alexander Wurz, 16. Jarno Trulli, 17. Mika Salo, 18. Pedro Diniz, 19. Shinji Nakano, 20. Nicola Larini.

„Ich will nicht die gleichen Fehler wie 1997 machen. Ich möchte möglichst regelmäßig punkten und hoffe, dass dann irgendwann ein Sieg herausspringt“: Selbstkritik, ein Versprechen und die Hoffnung auf eine bessere zweite Formel-1-Saison bei seinem Arbeitgeber Eddie Jordan. Ralf Schumachers Statement bei der Präsentation des neuen Jordan-Mugen-Honda in der Londoner Royal Albert Hall im Januar 1998 wurde von der Motorsportpresse mit großem Interesse registriert. „Leise Töne und Bescheidenheit“ – „Der junge Wilde ist zahmer geworden“ – „Die Zeit des Sprücheklopfens scheint vorbei“ – einige Reaktionen aus der deutschen Medienlandschaft nach Schumachers Auftritt in der englischen Hauptstadt.

Das irische Formel-1-Team stellte in London auch sein neues Maskottchen vor, eine Hornisse, die auf dem knallgelben Jordan 198 angriffslustig ihren Stachel zückt. Die Hornisse löste die Schlange ab, mit der Jordan im Vorjahr (zumindest optisch) im Grand-Prix-Zirkus Punkte sammeln konnte. Seinen ersten offiziellen Auftritt an Ralfs Seite hatte auch der neue Teamkollege Damon Hill. „Ich möchte von Damons Erfahrung profitieren“, meinte Schumacher. Er gehe dabei von einem professionellen Arbeitsverhältnis mit dem britischen Ex-Weltmeister aus. Angesprochen auf die frühere Rivalität zwischen Hill und seinem Bruder Michael wurde Ralf ungehalten: „Die Animositäten zwischen Michael und Damon interessieren mich nicht. Ich bin Ralf und nicht Michael.“

Teamchef Eddie Jordan formulierte bei der Präsentation seine Saisonziele eher vorsichtig. „Wir haben uns bisher jedes Jahr verbessert, mehr Prognosen möchte ich nicht abgeben.“ Er hoffe, dass das Team von Damon Hills Erfahrung profitieren werde, ergänzte der Ire. Einig waren sich die Experten in London darüber, dass es Jordan 1998 sehr schwer haben würde, die Dominanz der vier Spitzen-Teams McLaren-Mercedes, Ferrari, Williams und Benetton entscheidend zu gefährden. Eddie Jordan zumindest wollte dies in der neuen Formel-1-Saison versuchen: mit einer Hornisse am Fahrzeug, einem neuen zweiten Piloten und einem neuen Zehnzylinder-Motor von Mugen-Honda. Auch mit einem neuen Ralf Schumacher?

Über eine „neue Seite von Ralf Schumacher“ berichtete im März 1998 dpa. Aus dem Agentur-Feature: „Nach dem Motto ‚Vorsicht ist die Mutter der Porzellankiste‘ hält sich Ralf Schumacher jetzt zurück. ‚Ich muss lernen, besser mit Druck umzugehen. Im Vorjahr habe ich mich manchmal selbst zu sehr unter Druck gesetzt, obwohl das gar nicht nötig war. In anderen Situationen war ich vielleicht zu locker, obwohl mehr Dampf angebracht gewesen wäre‘, beurteilt er sich selbstkritisch … Manager Willi Weber ist weiterhin davon überzeugt, dass sein Schützling ‚eines Tages in Michaels Fußstapfen tritt und Weltmeister‘ wird. ‚Ich glaube an den Jungen. Er hat das

Rüstzeug, ganz vorne mitzufahren', stärkt Weber ihm den Rücken. ,Wenn der Jordan ein gutes Auto ist, fährt Ralf garantiert auf Podiumsplätze'."

Trotz aller Zuversicht im Team vor dem Saisonauftakt in Melbourne gab es bei Jordan dann doch noch ein wenig Hektik vor dem Start. Der frühere Formel-1-Weltmeister Damon Hill hatte sich Anfang Februar bitter über die Äußerung seines Chefs Eddie Jordan beklagt, seine beiden Piloten würden gleichberechtigt in die Saison 1998 gehen. Er hatte laut gekontert: „Um Formel-1-Rennen zu gewinnen, muss man Michael Schumacher schlagen, und der hat ein ganzes Team hinter sich. Wenn man nur bescheidene Mittel hat, muss man sie in die richtige Richtung lenken. Um hundertprozentig wettbewerbsfähig zu sein, braucht man so viel Aufmerksamkeit wie Schumacher sie bei Benetton hatte und jetzt bei Ferrari genießt. Davon profitiert dann das ganze Team." Was gemeint war, war klar: Hill wollte schlicht Primus inter pares – Erster unter Gleichen – sein. Sein irischer Arbeitgeber erstickte den Brand im Keim: „Bei Jordan ist niemand größer als das Team. Beide müssen fair miteinander kämpfen und sich bei der Chance auf einen Sieg gegenseitig helfen."

Ralf Schumacher hatte sich aus der öffentlichen Diskussion herausgehalten und lediglich versucht, die Schärfe herauszunehmen: „Ich habe ein gutes Verhältnis zu Damon Hill. Ich kann von ihm lernen." Sehr diplomatisch, der neue Ralf Schumacher. Die neue Formel-1-Saison 1998 konnte beginnen!

Mercedes-Triumph beim Formel-1-Auftakt
8. März 1998, GP von Australien in Melbourne

In der Daimler-Benz-Zentrale war nach dem 1. Lauf zur Formel-1-Weltmeisterschaft 1998 in Australien feiern angesagt. Mika Häkkinen gewann den Saisonauftakt vor seinem Teamkollegen David Coulthard. Williams-Pilot Heinz-Harald Frentzen belegte im Albert Park Circuit den dritten Rang.

Für Michael und Ralf Schumacher war der australische Rundkurs kein gutes Pflaster: Michael musste bereits in der sechsten Runde wegen eines Kolbenschadens am Motor aufgeben,

Bruder Ralf im Jordan-Mugen 198 schied in der zweiten Rennrunde nach einem Unfall aus.

Erneuter Sieg der Silberpfeile
29. März 1998, GP von Brasilien in Interlagos

Die Silberpfeile im Autodromo José Carlos Pace in Interlagos – erneut eine Klasse für sich: Beim 2. Lauf zur Formel-1-WM am 29. März 1998 in Brasilien gewann erneut McLaren-Mercedes-Fahrer Mika Häkkinen vor seinem Teamkollegen David Coulthard. Ferrari-Kontrahent Michael Schumacher musste sich nach einem schlechten Start und einem abgestorbenen Motor in der Box mit Platz drei begnügen. Der Reifenwechsel der „Silberpfeile" von Goodyear zu Bridgestone erwies sich bereits im zweiten Rennen der Saison als genialer Schachzug.

Ralf Schumacher blieb auch in seinem zweiten Grand-Prix-Jahr nicht vom Pech verschont. Bereits in der ersten Runde beendete ein Dreher alle Hoffnungen auf ein erfolgreiches Abschneiden bei diesem Großen Preis von Brasilien.

Glücksgefühle bei Ferrari
12. April 1998, GP von Argentinien in Buenos Aires

Michael Schumacher hämmerte bei der Zieldurchfahrt vor Freude mit beiden Fäusten aufs Cockpit – beim Großen Preis von Argentinien im Autodromo Oscar Alfredo Galvez am 12. April 1998 verwies der Ferrari-Star McLaren-Mercedes-Pilot Mika Häkkinen auf den zweiten Platz. Schumacher siegte trotz eines „Ausrutschers" auf der nach einem Regenschauer feuchten Strecke dank einer perfekten Boxenstrategie. Der Brite Eddie Irvine vervollständigte als Dritter das Glück der „Roten".

Groß war die Enttäuschung an diesem Tag bei den beiden anderen deutschen Piloten: Heinz-Harald Frentzen (Williams) landete mit einer Runde Rückstand auf Rang neun. Ralf Schumacher im Jordan-Mugen 198 klagte über eine defekte Kupplung am Start. In der 23. Runde führte eine gebrochene Radaufhängung an seinem Fahrzeug zum vorzeitigen Aus.

Meilenweit hinter der Spitze
26. April 1998, GP von San Marino in Imola

Michael Schumacher konnte beim 4. WM-Lauf am 26. April 1998 in Imola im Vergleich zu seinem Konkurrenten Mika Häkkinen weiter an Boden gutmachen. Sein zweiter Platz hinter Häkkinens Teamkollege David Coulthard brachte den Ferrari-Fahrer bis auf sechs Zähler an den in der Gesamtwertung führenden Finnen heran. Häkkinen schied wegen Getriebeproblemen in der 18. Runde aus. Dritter wurde Eddie Irvine (Ferrari).

Die restliche Konkurrenz im Formel-1-Zirkus fuhr in San Marino der Spitze meilenweit hinterher. Weltmeister Jacques Villeneuve und Teamkollege Heinz-Harald Frentzen belegten mit ihren Williams-Mecachrome die Plätze vier und fünf.

Eine deutliche Verbesserung gelang „Schumi II": Nachdem Ralf Schumacher in den ersten drei Saisonrennen von 923 möglichen Kilometern nur 113 absolviert und sich den zweifelhaften Ruf als „Ausfallkönig" erworben hatte, steuerte der 22-Jährige seinen Jordan in Imola erstmals ins Ziel. Als Siebter verfehlte er die Punkteränge nur knapp. „Ich bin froh, dass ich endlich mal angekommen bin", sagte er nach dem Rennen erleichtert der Presse.

McLaren-Mercedes erneut unschlagbar
10. Mai 1998, GP von Spanien

„Die Silberpfeile flogen auf WM-Kurs in neue Dimensionen und verbannten Ferrari-Pilot Michael Schumacher sowie den Rest der Formel-1-Welt in die zweite Liga": So und ähnlich kommentierten die Medien nach dem 10. Mai 1998 den Ausgang des Großen Preises von Spanien im Circuit de Catalunya. Mit ihrem dritten Doppelsieg in dieser Saison bauten der Finne Mika Häkkinen und sein schottischer Teamkollege David Coulthard ihren Vorsprung in der Formel-1-Weltmeisterschaft noch weiter aus. Michael Schumacher kam im fünften WM-Lauf erst mit dem Riesenabstand von 47 Sekunden hinter den „Überfliegern" als Dritter ins Ziel.

Michaels Bruder Ralf kam auf der Strecke in Granollers als Elfter ins Ziel. Er hatte zwei Runden Rückstand auf Sieger Häkkinen.

Ein Fiasko für Ferrari
24. Mai 1998, GP von Monaco in Monte Carlo

Mika Häkkinen war auch am 24. Mai 1998 in Monte Carlo in der Formel 1 das Maß aller Dinge. Der Finne gewann den sechsten Lauf der diesjährigen Formel-1-Weltmeisterschaft vor dem Benetton-Fahrer Giancarlo Fisichella und Ferrari-Pilot Eddie Irvine. Verfolger Michael Schumacher erlebte beim GP von Monaco ein Fiasko. Nach einem packenden Duell mit Alexander Wurz verbog sich am Ferrari bei einer Kollision die Spurstange. Durch die Reparatur büßte der Doppel-Weltmeister zwei Runden auf Häkkinen ein und belegte am Ende nur Platz zehn. Der McLaren-Mercedes-Pilot führte nach Monte Carlo in der Gesamtwertung mit 22 Punkten Vorsprung.

Ferrari setzte nach dem Desaster Reifenpartner Goodyear mächtig unter Druck. Michael Schumacher formulierte die Erwartungen vor der Presse: „Wenn Goodyear sich mächtig 'ranhält, dann haben wir noch eine Chance. Wenn sie es nicht tun, dann kann ich die Weltmeisterschaft vergessen.“

Jordan-Fahrer Ralf Schumacher kam beim Grand Prix von Monaco nicht in die Punktewertung. Er war nach einem Unfall in der 15. Runde ausgeschieden.

Der zweiter Sieg für Michael
7. Juni 1998, GP von Kanada in Montreal

Michael Schumacher nutzte am 7. Juni 1998 in Montreal seine vermutlich letzte Titelchance mit einem Sieg beim hochdramatischen Großen Preis von Kanada. Der Ferrari-Pilot stand nach 69 Runden, einem Abbruch, zwei Massenkarambolagen, drei Safety-Car-Phasen sowie dem Totalausfall der dominierenden Mercedes-Silberpfeile auf dem Circuit Gilles Villeneuve als Sieger fest. Zweiter wurde Giancarlo Fisichella (Benetton) vor Eddie Irvine (Ferrari).

Michael Schumacher verbesserte sich nach dem 29. Grand-Prix-Sieg seiner Karriere in der WM-Gesamtwertung mit 34 Punkten auf den zweiten Platz. Der Abstand auf Häkkinen (46) schmolz nach dem siebten von 16 WM-Läufen auf zwölf Zähler. Der zweite McLaren-Mercedes-Pilot David Coulthard fiel auf Rang drei zurück (29).

Ralf Schumacher hatte bereits in der ersten Rennrunde Dienstschluss: Sein Jordan-Mugen 198 kam durch einen Dreher von der Strecke ab.

Mika Häkkinen wieder bei Null
28. Juni 1998, GP von Frankreich in Magny-Cours

Silberpfeil-Pilot Mika Häkkinen wusste nach dem Großen Preis von Frankreich am 28. Juni 1998, dass für ihn das Titelrennen nach dem ersten Ferrari-Doppelsieg seit acht Jahren praktisch wieder von vorn anfing. Michael Schumacher setzt seine Aufholjagd im Ferrari F300 in Frankreich fort und kontrolliert das Rennen bis ins Ziel. Häkkinen musste sich nach einem völlig misslungenen Start hinter Eddie Irvine mit dem dritten Rang begnügen.

Magny-Cours-Sieger Schumacher, vor einigen Wochen noch abgeschrieben, meinte voller Freude: „Wir waren schneller als McLaren, wir haben die Silberpfeile überholt." Er lag nach dem achten von 16 Läufen in der WM-Gesamtwertung nur noch sechs Zähler hinter Häkkinen (50).

Bruder Ralf belegte beim Grand Prix von Frankreich mit drei Runden Rückstand den 16. Platz.

Dritter Sieg in Serie
12. Juli 1998, GP von England in Silverstone

Nach seinem dritten Streich in Serie am 12. Juli 1998 in Silverstone kam Michael Schumacher an den Spitzenreiter Mika Häkkinen bis auf zwei Zähler heran. Große Aufregung gab es in Silverstone, als der Ferrari-Star in der Boxengasse über die (dort imaginäre) Ziellinie fuhr, nachdem er wegen Überholens unter Gelber Flagge eine Zeitstrafe erhielt. Der zweitplatzierte

Häkkinen und sein Team fühlten sich um den Sieg betrogen. Protest und Berufung von McLaren wurden jedoch abgeschmettert. Dritter des GP von England wurde der zweite Ferrari-Fahrer Eddie Irvine.

Ralf Schumacher im Jordan-Mugen sicherte sich in Silverstone hinter Alexander Wurz (Benetton) und Teamkollegen Giancarlo Fisichella den sechsten Platz und einen WM-Punkt.

Furiose Aufholjagd
26. Juli 1998, GP von Österreich in Zeltweg

Doppelsieg in Zeltweg durch Mika Häkkinen und David Coulthard vor Michael Schumacher – so lautete verkürzt der Ausgang des Großen Preises von Österreich am 26. Juli 1998 in Zeltweg. Lange Zeit lieferten sich Häkkinen im McLaren und Ferrari-Hoffnung Schumacher ein packendes Duell, ehe der deutsche Verfolger nach einer stürmischen Attacke im Kiesbett landete. Nach dem Austausch der zerstörten Ferrari-Nase am Fahrzeug startet Michael Schumacher als Letzter eine furiose Aufholjagd. Begünstigt durch viele Ausfälle schafft er noch Platz drei.

Bruder Ralf kam mit 50,655 Sekunden Rückstand auf Häkkinen als fünfter Fahrer ins Ziel und erneut in die Punktewertung.

Großer Auftritt der Silberpfeile
2. August 1998, GP von Deutschland in Hockenheim

Rauschende Champagner-Party bei Mercedes-Benz, Katerstimmung bei Ferrari nach dem 11. Lauf der Formel-1-WM auf dem Hockenheimring. Obwohl Mika Häkkinen am Schluss bangen musste, ob das Benzin reichen würde, so kam er doch zu einem ungefährdeten Sieg beim Großen Preis von Deutschland. Sein Teamkollege David Coulthard komplettierte den Erfolg der Silberpfeile. Für Michael Schumacher blieb nach einem enttäuschenden neunten Startplatz nur Rang fünf im Heim-Grand-Prix.

Jordan-Pilot Ralf Schumacher kam mit 29,739 Sekunden Rückstand auf den Sieger als Sechster über die Ziellinie – ein WM-Punkt.

Herzschlagfinale in Sicht
16. August 1998, GP von Ungarn am Hungaroring

Am 16. August 1998 verringerte Michael Schumacher auf dem Hungaroring mit einem fahrerischen Bravourstück den Rückstand auf die Silberpfeile bei vier noch ausstehenden Rennen auf sieben Punkte. Rennentscheidend war die Boxenstrategie der Ferrari-Crew mit drei Stopps. Der Sieg war vorprogrammiert, als Schumacher mit wenig Sprit im Tank in einem leichteren Auto in knapp zwanzig Runden trotz eines Ausrittes ins Kiesbett 26 Sekunden Vorsprung auf die Silberpfeile herausfuhr und somit genügend Zeit für den dritten Stopp hatte. Mit seinem Sieg steuerte die Formel 1 im Jahr 1998 erneut auf ein Herzschlagfinale zu. Zweiter auf dem Hungaroring wurde David Coulthard (McLaren-Mercedes). Dritter Jacques Villeneuve (Williams).

Ralf Schumacher wurde mit einer Runde Rückstand in Mogyoród Neunter. Der WM-Stand am Abend des 16. August: Mika Häkkinen 77 Punkte, Michael Schumacher 70 Punkte.

Chaos und erster Jordan-Triumph
30. August 1998, GP von Belgien in Spa

Der Grand Prix von Belgien ging in die Formel-1-Geschichte ein als „Chaos- und Schrott-Rennen“ und blieb bei beiden Titelaspiranten, Mika Häkkinen und Michael Schumacher, in äußerst schlechter Erinnerung zurück. Häkkinen drehte sich unmittelbar nach dem zweiten Start (der Start wurde wegen einer Massenkarambolage wiederholt) nach einer Berührung mit Schumacher und wurde danach von Sauber-Petronas-Fahrer Johnny Herbert „abgeschossen“. Der Ferrari-Pilot schien zunächst in der Regenschlacht einem ungefährdeten Sieg entgegenzufahren. In der 26. Runde – mit 37 Sekunden Vorsprung und bei miserablen Sichtverhältnissen – knallt Michael Schu-

macher jedoch dem überrundeten, wesentlich langsameren David Coulthard ins Heck. Es blieb beim alten WM-Stand 77 Punkte Häkkinen – 70 Punkte Schumacher.

Das Jordan-Duo Damon Hill und Ralf Schumacher profitierten vom Missgeschick der Konkurrenz: Hill gewann das denkwürdige Rennen vor „Schumi II“. Der Doppelsieg war zugleich der erste F-1-Erfolg in der Jordan-Geschichte. Ralf Schumacher war nach dem Rennen allerdings nicht gerade glücklich mit Platz zwei. „Ich hätte heute gewinnen können“, meinte er vielsagend in der Pressekonferenz.

„Ferraristi“ aus dem Häuschen
13. September 1998, GP von Italien in Monza

Über 100.000 Michael-Schumacher-Fans waren am 13. September beim 14. Lauf zur Formel-1-Weltmeisterschaft 1998 in Monza nach dem beeindruckenden Sieg ihres Idols völlig aus dem Häuschen. Der Kerpener gewann den Grand Prix von Italien vor seinem Teamkollegen Eddie Irvine und Bruder Ralf (Jordan-Mugen-Honda), der zum zweitenmal in dieser Saison aufs Treppchen durfte. Mika Häkkinen hatte sich bei seiner

Verfolgungsjagd ins Gras gedreht, musste danach das Tempo drosseln und Eddie Irvine und Ralf Schumacher an sich vorbeiziehen lassen. Er wurde Vierter. Der zweite McLaren-Pilot David Coulthard war bereits in der 17. Runde mit Motordefekt ausgeschieden.

Michael Schumacher war nach dem Rennen in Monza erstmals punktgleich mit dem Finnen. Angesichts von jeweils sechs Siegen führte Häkkinen aber dank seines 2:1-Vorteils bei den zweiten Plätzen weiterhin.

Mercedes atmet tief durch
27. September 1998, GP von Luxemburg am Nürburgring

Herber Dämpfer für Michael Schumacher beim Heimrennen auf dem Nürburgring: Zwar war Schumacher im Ferrari F300 Trainingsschnellster, im 15. WM-Lauf, dem Großen Preis von Luxemburg, hatte er jedoch gegen den wie entfesselt fahrenden Mika Häkkinen im deutlich schnelleren Silberpfeil keine Chance. McLaren-Teamchef Ron Dennis sprach nach dem Rennen und Häkkinens Meisterstück vom „wichtigsten Sieg in der Firmengeschichte". Nach der Nürburgring-Veranstaltung führte der Finne in der Gesamtwertung mit 90 zu 86 Punkten vor Schumacher.

Der Bruder des Doppel-Weltmeisters kam bei diesem GP nicht ins Ziel. Ralf musste in Runde 54 wegen eines technischen Defekts an den Bremsen aufgeben.

Das Ende aller Ferrari-Träume
1. November 1998, GP von Japan in Suzuka

Am 1. November 1998 war für Michael Schumacher der Traum vom dritten WM-Titel in der 32. Runde von Suzuka endgültig vorbei. An seinem Ferrari platzte der rechte Hinterreifen. Schumachers Chancen waren zuvor schon minimal, da er wegen eines durch ihn selbst verursachten Startabbruchs vom letzten Platz des Feldes in den Großen Preis von Japan starten musste. Mika Häkkinen feierte einen souveränen Start-Ziel-

Sieg und krönte so seinen ersten WM-Gewinn. Zweiter wurde Eddie Irvine im Ferrari F300, Dritter David Coulthard im McLaren-Mercedes MP4/13.

Ralf Schumacher beendete das letzte Rennen seines zweiten Formel-1-Jahres in der 14. Runde mit Motorschaden.

Der Endstand in der Formel-1-Weltmeisterschaft 1998: 1. Mika Häkkinen, 2. Michael Schumacher, 3. David Coulthard, 4. Eddie Irvine, 5. Jacques Villeneuve, 6. Damon Hill, 7. Heinz-Harald Frentzen, 8. Alexander Wurz, 9. Giancarlo Fisichella, 10. Ralf Schumacher, 11. Jean Alesi, 12. Rubens Barrichello, 13. Mika Salo, 14. Pedro Diniz, 15. Johnny Herbert, 16. Jan Magnussen, 17. Jarno Trulli.

Schon Mitte der Saison 1998 hatte die Motorsportpresse über ein frühes Ende der „Ehe" zwischen Ralf Schumacher und Eddie Jordan spekuliert. Der Sportinformationsdienst (sid): „Die Tage von Formel-1-Pilot Ralf Schumacher beim englischen Jordan-Team sind offenbar gezählt. Der Vertrag des 22 Jahre alten Kerpeners, der in dieser Saison bei bisher sieben Rennen nur zweimal ins Ziel kam, läuft zum Saisonende aus." Offensichtlich plane Teamchef Eddie Jordan ohne den Kerpener, hieß es weiter. „Ich habe Ralfs Manager Willi Weber gesagt, dass wir die Option für die nächste Saison nicht wahrnehmen werden", wurde der Ire zitiert.

Kehrtwende dann bereits einen Monat später. „Schumacher bleibt wohl doch bei Jordan", so eine dpa-Schlagzeile. Während des Grand-Prix-Wochenendes in Österreich bestätigte Schumachers Manager Willi Weber, dass es im Prinzip klar sei, dass Ralf eine dritte Saison beim Jordan-Team bleibe. „Für ihn wäre Jordan am besten, da er die Strukturen kennt", meinte Weber. Weber konnte sich in Spielberg aber einen Seitenhieb gegen das mit großen technischen Schwierigkeiten ringende Jordan-Team nicht verkneifen: „Ein Fahrer braucht auch das Material, um zeigen zu können, was er kann."

Im August 1998 las sich dann alles schon wieder ganz anders: Inzwischen wurde Ralf Schumacher außer mit British American Racing (BAR) auch mit Williams, bei dem noch beide Cockpits offen waren, und dem Sauber-Team in Verbindung gebracht. Auch eine Vertragsverlängerung mit Jordan war noch nicht vom Tisch. Schumacher und Manager Weber hatten im Formel-1-Personalpoker noch längst nicht alle Karten aufgedeckt. „Wir verhandeln mit verschiedenen Teams“, sagte der Manager. Mit einer Entscheidung sei nicht bis zum nächsten Grand Prix am 16. August in Budapest zu rechnen, sondern eher im September.

Am 1. September 1998 meldeten dann die Presseagenturen, was Insider schon längst wussten: „Schumi II frei für Williams!“ Den Wechsel zum Team von Frank Williams, wo Ralf Schumacher mit Blick auf den Einstieg von Motorenpartner BMW im Jahr 2000 einen Vierjahresvertrag erhalten sollte, wollte Willi Weber aber noch nicht bestätigen. „Das ist eine laufende Sache, dazu sage ich nichts“, meinte er. Nur so viel ließ er sich entlocken: „Jordan ist aus dem Rennen.“

Eddie Jordan jedoch gab sich nicht so schnell geschlagen und wollte „notfalls mit gerichtlichen Mitteln“ die drohende Abwanderung seines Piloten zu Williams verhindern. Der britische Formel-1-Rennstall wies am 2. September 1998 Behauptungen von Schumacher-Manager Weber zurück, Teamchef Jordan habe die Option auf eine Vertragsverlängerung mit dem Kerpener für 1999 nicht wahrgenommen. Die drohende Eskalation verhinderte schließlich Bernie Ecclestone. Der Sportinformationsdienst berichtete: „Der Transferstreit um Formel-1-Rennfahrer Ralf Schumacher ist beendet, einem Wechsel vom Jordan-Team zu Williams steht endgültig nichts mehr im Weg. Wie Schumacher-Manager Willi Weber mitteilte, wurde durch Vermittlung von Bernie Ecclestone ‚zwischen Ralf Schumacher und Eddie Jordan eine Vereinbarung getroffen, die es Ralf Schumacher erlaubt, ab 1999 für ein anderes Formel-1-Team zu fahren‘."

„Ich bin stolz und dankbar, dass eines der erfolgreichsten Formel-1-Teams Vertrauen in mich setzt. Ich werde mein Bestes geben, um mit Williams und Zanardi eine erfolgreiche Saison 1999 zu bestreiten“, sagte Ralf Schumacher am 21. September 1998 in einer ersten Stellungnahme. Sein Manager ergänzte bei der Pressekonferenz: „Das war die wichtigste Entscheidung in Ralfs Karriere. Das ist die Chance seines Lebens und eine sensationelle Sache. Ich bin stolz, dass wir es end-

ralf schumacher
Die Jordan-Jahre

Formel-1-Debüt am 9. März 1997 in Melbourne

WM-Punkte 1997

GP von Australien: 0
GP von Brasilien: 0
GP von Argentinien: 4
GP von San Marino: 0
GP von Monaco: 0
GP von Spanien: 0
GP von Kanada: 0
GP von Frankreich: 1
GP von England: 2
GP von Deutschland: 2
GP von Ungarn: 2
GP von Belgien: 0
GP von Italien: 0
GP von Österreich: 2
GP von Luxemburg: 0
GP von Japan: 0
GP von Europa: 0

Fahrerwertung: 12. Platz*
WM-Gesamtpunkte: 13

* in einigen Listen durch die nachträgliche Streichung von Michael Schumacher aus der Wertung auch geführt unter Platz 11

WM-Punkte 1998

GP von Australien: 0
GP von Brasilien: 0
GP von Argentinien: 0
GP von San Marino: 0
GP von Spanien: 0
GP von Monaco: 0
GP von Kanada: 0
GP von Frankreich: 0
GP von England: 1
GP von Österreich: 2
GP von Deutschland: 1
GP von Ungarn: 0
GP von Belgien: 6
GP von Italien: 4
GP von Luxemburg: 0
GP von Japan: 0

Fahrerwertung: 10. Platz
WM-Gesamtpunkte: 14

lich geschafft haben, dass er für ein solches Team fahren darf."

Nach den ersten Wochen im Williams-Team zeigte sich Ralf Schumacher mit der Wahl seines neuen Arbeitsplatzes mehr als zufrieden. Der Sportinformationsdienst zitierte ihn mit den Worten: „Ich habe schon jetzt mit Frank Williams mehr telefoniert als jemals zuvor mit Eddie Jordan. Und ich komme mit Williams hervorragend klar." Der Teamchef lobte den neuen Angestellten Ende Februar 1999 bei der Williams-Präsentation in den höchsten Tönen: „Ralf hat immenses Talent – gleich viel oder sogar mehr als sein Bruder." Schumacher selber gab sich bei der Veranstaltung selbstbewusst – die Deutsche Presse Agentur in einem Stimmungsbild: „Längst sind die wilden Zeiten vorbei. Statt wie in seiner ersten Saison 1997 ständig rotzfrech und respektlos großsprecherische Töne zu spucken, wägt der 23 Jahre alte Rheinländer heute seine Worte genau ab. Stromlinienförmige, nichtssagende Statements wie bei vielen seiner Kollegen sind dennoch nicht die Folge seines Reifeprozesses ... So nahm er auch – entgegen der üblichen Gepflogenheiten bei der Präsentation eines Teams und zudem als Neuzugang – kein Blatt vor den Mund, als es um das Williams-Triebwerk Supertec ging. ‚Der Motor ist unser größtes Problem. Gegenüber der Top-Konkurrenz fehlen uns etwa 70 PS', bemängelte Schumacher den gewaltigen Leistungsunterschied. Trotz dieses nicht zu kompensierenden Nachteils rechnet er sich für seine dritte Formel-1-Saison einiges aus. ‚Ich möchte regelmäßig in die Punkte fahren und häufiger auf dem Podest landen. Schön wäre es, wenn ich meinen ersten Grand-Prix-Sieg feiern könnte', verriet er seine Ziele und Wünsche."

Toller Einstand für Ralf Schumacher
7. März 1999, GP von Australien in Melbourne

Ein völlig verkorkster Saisonauftakt für Michael Schumacher und ein rabenschwarzer Tag für die Silberpfeile: Für die Titelfavoriten endete der Große Preis von Australien am 7. März 1999 in Melbourne mit herben Enttäuschungen. Doppel-Weltmeister Schumacher belegte im Albert Park wegen technischer Probleme, eines geplatzten Reifens und eines Missgeschicks in der Box nur den achten Platz. Die McLaren-Mercedes-Piloten Mika Häkkinen und David Coulthard schieden bereits mit technischen Defekten vorzeitig aus.

Den ersten Lauf der Formel-1-Weltmeisterschaft 1999 gewann der zweite Ferrari-Fahrer Eddie Irvine. 118.000 waren zum Auftaktrennen dieser 50. WM-Saison gekommen. Zweiter wurde Heinz-Harald Frentzen im Jordan-Mugen-Honda vor Ralf Schumacher im Williams-Supertec.

Ralf freute sich über den guten Start ins neue Formel-1-Jahr: „Gleich im ersten Rennen mit Williams auf dem Podium – das kann sich sehen lassen.“ Dabei hatte der Williams-Fahrer in Melbourne auch ein Quentchen Glück, als er in der 52. Runde einen Seitenflügel verlor.

Häkkinen vor deutschem Trio
11. April 1999, GP von Brasilien in Interlagos

Am 11. April 1999 meldeten sich die beiden WM-Favoriten Mika Häkkinen und Michael Schumacher beim Grand Prix von Brasilien in Interlagos eindrucksvoll auf der Piste zurück. Die Auftaktpleiten von Melbourne waren nach diesem Rennen vergessen. Den zweiten WM-Lauf 1999 gewann Mika Häkkinen (McLaren-Mercedes) vor Michael Schumacher (Ferrari). Auf den dritten Platz kam Heinz-Harald Frentzen (Jordan-Mugen-Honda).

Das deutsche Trio hinter Häkkinen komplettierte in Interlagos Michaels Bruder Ralf im Williams-Supertec. Damit hatte „Schumi II“ bereits im zweiten Formel-1-Lauf des Jahres 1999 sieben Weltmeisterschaftspunkte gesammelt – zu diesem Zeitpunkt einen mehr als „der große Bruder“.

Ferrari mit dem „Wunder-Flügel“
2. Mai 1999, GP von San Marino in Imola

Ein Luftsprung nach dem Sieg: Ferrari-Pilot Michael Schumacher gewann am 2. Mai 1999 in Imola den Großen Preis von San Marino vor David Coulthard (McLaren-Mercedes) und Rubens Barrichello (Stewart-Ford). Mehr als 100.000 Tifosi feier-

NORTEL
NETWORKS
WILLIAMS F1
FUJITSU
Schumacher
auto
motor
sport

Winfield
6

ten den „Husarenritt“ ihres Idols, das mit 4,2 Sekunden Vorsprung vor Coulthard ins Ziel kam. Dabei hatte Schumacher sogar einen Boxenstopp mehr einlegen müssen als der McLaren-Kontrahent.

Ausschlaggebend für den ersten Ferrari-Heimsieg in Imola seit 16 Jahren waren u.a. technische Änderungen am Frontflügel des F399. Mit dem neuen „Wunder-Flügel“ schaffte Michael Schumacher schneller als erwartet die Wende im Formel-1-Titelrennen. Allerdings profitierte er auch von einem Fahrfehler des zweiten Silberpfeil-Piloten Mika Häkkinen. Der Finne war in der 17. Runde klar in Führung liegend in eine Mauer gekracht, aber gottlob unverletzt geblieben.

Ralf Schumacher musste seinen Williams bereits in der 28. Runde mit einem technischen Defekt abstellen. Über seinen Kommentar „Das Auto ist nur mittelmäßig, wir sind im Augenblick nicht siegfähig“, wird sich bei Williams wohl niemand gefreut haben.

Rotes Festival am Mittelmeer
16. Mai 1999, GP von Monaco in Monte Carlo

Großer Preis von Monaco, vierter WM-Lauf – 130.000 Zuschauer erlebten am 16. Mai 1999 auf dem 3,367 Kilometer langen Stadtkurs an der Cote d'Azur ein Ferrari-Festival. Mit seinem vierten Erfolg in Monte Carlo und dem ersten Ferrari-Doppelsieg überhaupt auf dieser Strecke machte Michael Schumacher einen wichtigen Schritt auf dem Weg zu seinem dritten Weltmeistertitel nach 1994 und 1995. Dritter des Monaco-GP wurde Weltmeister und Vorjahresieger Mika Häkkinen im McLaren-Mercedes. Ein Fahrfehler in der 39. Runde, durch den Häkkinen 20 Sekunden auf Schumacher verlor, entschied letztendlich über Sieg und Niederlage.

Ralf Schumacher fiel in der 55. Runde nach einem Unfall in der Loews-Kurve aus. Zu diesem Zeitpunkt lag er an zehnter Stelle des Feldes. Bereits in der dritten Runde war der 23-jährige Kerpener in eine Kollision mit seinem ehemaligen Jordan-Teamkollegen Damon Hill verwickelt, der vergeblich versucht hatte, den Williams-Supertec zu überholen. Hill war nach dem Vorfall ausgeschieden. Ralf Schumacher konnte zwar zunächst noch weiterfahren, fiel dann aber auf den 21. und letzten Platz zurück. Tapfer kämpfte er sich im Laufe des Rennens wieder nach vorne – bis zur Loews-Kurve.

Mercedes schlägt zurück
30. Mai 1999, GP von Spanien in Barcelona

Mercedes-Sportchef Norbert Haug gab sich am 30. Mai 1999 nach Endes des Großen Preises von Spanien optimistisch: „Das war der erste Doppelschlag, beim nächsten ist die Weltmeisterschaft wieder ausgeglichen. Ich habe schon vor dem Rennen gesagt, dass noch nichts für uns verloren ist." Beim fünften WM-Lauf beendete McLaren-Mercedes-Pilot Mika Häkkinen die Siegesserie von Michael Schumacher und gestaltete das Titelrennen wieder spannend. Teamkollege David Coulthard machte vor 81.000 Zuschauern als Zweiter den ersten Doppelsieg der Mercedes-Silberpfeile in dieser Saison perfekt.

Michael Schumacher musste sich nach seinen Siegen in Imola und Monte Carlo diesmal mit dem dritten Rang begnügen. Allerdings führte der Ferrari-Star nach Ende der Veranstaltung in Barcelona in der Gesamtwertung immer noch mit 30 Punkten vor Häkkinen (24).

Ferrari-Teamkollege Eddie Irvine belegte den vierten Rang vor Ralf Schumacher im Williams-Supertec, der als Fünfter noch zwei Weltmeisterschaftspunkte ergattern konnte.

Titelträume enden in Betonmauer
13. Juni 1999, GP von Kanada in Montreal

Mika Häkkinen gewann am 13. Juni 1999 vor mehr als 100.000 Zuschauern in Montreal den Großen Preis von Kanada und damit den sechsten Lauf der Formel-1-Weltmeisterschaft. Zweiter wurde Giancarlo Fisichella (Benetton) vor Eddie Irvine (Ferrari). Ralf Schumacher kam in seinem Williams-Supertec als vierter Fahrer vor Johnny Herbert (Stewart-Ford) und Pedro Diniz (Sauber-Petronas) ins Ziel. In Montreal holte sich „Schumi II" nach Melbourne, Interlagos und Barcelona wieder einmal wichtige WM-Punkte. Einen bitteren Rückschlag im Kampf um den Weltmeisterschaftstitel musste Michael Schumacher hinnehmen: Der Ferrari-Pilot prallte in der 30. Runde in der tückischen Start-Ziel-Schikane in eine Betonmauer und schied aus. Bis dahin hatte er vor seinem schärfsten Rivalen Häkkinen im Rennen in Führung gelegen. Schumacher büßte in Montreal durch seinen Crash Platz eins in der Fahrer-WM-Wertung ein. Häkkinen lag hier nach seinem dritten Saisonsieg mit 34 Punkten erstmals vor dem Ferrari-Duo (Schumacher 30 Punkte, Irvine 25 Punkte).

Heinz-Harald Frentzen verunglückte in Montreal in der 66. Runde schwer. Beim Anbremsen einer Schikane flog sein Jordan ab. Der Mönchengladbacher konnte beim nächsten Grand Prix in Frankreich jedoch schon wieder starten.

Frentzen-Sieg beim Regen-Rennen
27. Juni 1999, GP von Frankreich in Magny-Cours

27. Juni 1999, siebter Lauf der Formel-1-Weltmeisterschaft im französischen Magny-Cours: Heinz-Harald Frentzen gewann im Jordan-Mugen-Honda zwei Wochen nach seinem schweren Unfall in Montreal den Großen Preis vor Mika Häkkinen (McLaren-Mercedes), Rubens Barrichello (Stewart-Ford), Ralf Schumacher (Williams-Supertec) und Michael Schumacher (Ferrari). Das Rennen fand unter teilweise irregulären Wetterbedingungen statt; im Regen-Krimi von Magny-Cours feierte Frentzen seinen zweiten Formel-1-Triumph nach Imola 1997. Für das Jordan-Team war es der zweite Erfolg nach dem von Damon Hill im Vorjahr in Spa.

Michael Schumacher, der hinter seinem jüngeren Bruder die Ziellinie passiert hatte, meinte nach dem Rennen mit einem Schuss Selbstironie: „Das war wie in alten Kart-Zeiten.“ Ein Stopp in der 60. Runde, bei dem er sich in Führung liegend ein neues Lenkrad abholen musste, hatte dem Ferrari-Star den möglichen fünften Erfolg in Frankreich nach 1994, 1995, 1997 und 1998 gekostet. Der „hausinterne“ Zieleinlauf der Schumacher-Brüder in Magny-Cours: Ralf 45,475, Michael 47,881 (Rückstand auf den Sieger).

Reifenstapel rettet Leben
11. Juli 1999, GP von England in Silverstone

Den 11. Juli 1999 wird die Rennsportwelt nicht so schnell vergessen. Beim Großen Preis von England in Silverstone rettete nur ein Reifenstapel das Leben von Michael Schumacher. Der Unfall ereignete sich nur kurz nach dem Start zu Schumachers 126. Grand Prix. Der Ferrari-Pilot schoss nach einem Überholmanöver im Scheitelpunkt der Stowe-Kurve urplötzlich von der Piste und schlug mit etwa 200 Stundenkilometern frontal in den Reifenstapel ein. Unmittelbar nach dem Unglück waren sofort Streckenposten zur Stelle, Schumacher wurde auf einer Trage zu einem Ambulanzwagen gebracht. Der brachte ihn zu einem ersten Check in ein medizinisches Zentrum am Rande der Strecke. Wie durch ein Wunder kam der zweimalige Weltmeister bei dem Crash mit einem Bruch des rechten Unterschenkels glimpflich davon, musste aber an diesem Tag auch alle Titel-Hoffnungen begraben.

Nach 60 dramatischen Runden gewann David Coulthard (McLaren-Mercedes) den Grand Prix von England vor Eddie Irvine (Ferrari). Ralf Schumacher schaffte als Dritter im Williams-Supertec noch den Sprung aufs Podest, Heinz-Harald Frentzen (Jordan- Mugen-Honda) wurde Vierter.

Ralf konnte sich in Silverstone zunächst nicht so richtig über Platz drei und vier Punkte freuen, seine Gedanken galten Michael: „Ich habe den Unfall erst gar nicht wahrgenommen. Ich hoffe, dass es nicht ganz so schlimm ist. Für mich war es kein schönes Gefühl, in dieser Situation wieder in den Rennwagen steigen zu müssen.“

Irvine vertritt Schumacher würdig
25. Juli 1999, GP von Österreich in Spielberg

Eddie Irvine vertrat den verletzten Doppel-Weltmeister Michael Schumacher am 25. Juli 1999 beim Großen Preis von Österreich glänzend: Der Ferrari-Fahrer gewann in Spielberg den 9. WM-Lauf und unterstrich damit auch seinen Anspruch auf den Titel. Irvine profitierte bei seinem Sieg auch von einem Zusammenstoß der beiden führenden McLaren-Mercedes-Fahrzeuge, die dennoch ins Ziel kamen. David Coulthard wurde Zweiter, Mika Häkkinen Dritter.

Williams-Pilot Ralf Schumacher schied nach einer Unaufmerksamkeit bereits in der neunten Runde aus. In der Remus-Kurve rutschte der Kerpener auf der schmutzigen Piste aus und kreiselte ins Kiesbett. Bis dahin lag der 24-Jährige an sechster Position. Ralf schilderte den Vorfall später so: „Diniz wollte mich überholen, ich habe zu spät gebremst und mich gedreht. Schade, denn das hätte heute wieder in die Punkte gehen können“.

Beim Großen Preis von Österreich gab Mika Salo, der kurzfristig wegen Schumachers Ausfall verpflichtet worden war, bei Ferrari sein Debüt. Der 32 Jahre alte Finne wurde am Ende in Spielberg Neunter.

Grandioser Doppelsieg für Ferrari
1. August 1999, GP von Deutschland in Hockenheim

Einen Doppel-Triumph für Ferrari gab es beim 10. WM-Lauf am 1. August 1999 in Hockenheim. Eddie Irvine eroberte durch seinen dritten Saisonerfolg beim Großen Preis von Deutschland vor seinem finnischen Teamkollegen Mika Salo zugleich die Führung in der WM-Gesamtwertung zurück.

Für die favorisierten McLaren-Mercedes gab es ein Debakel: Titelverteidiger Mika Häkkinen schied in der 26. Runde wegen eines geplatzten Hinterreifens aus, David Coulthard wurde nur Fünfter. Sechs WM-Läufe vor Schluss geriet Häkkinen mit 44 Punkten hinter Irvine (52 Punkte), der nach den ersten beiden Rennen der Saison geführt hatte, wieder in die Verfolgerposition. Frentzen schob sich mit 33 Zählern am verletzten Michael Schumacher (32 Punkte) vorbei.

An den Hockenheimring hatte Ralf Schumacher gute Erinnerungen. Bei seinem Debüt 1997 wurde er Fünfter, im Vorjahr ergatterte er als Sechster einen WM-Punkt. Mit 19 Zählern belegte der 25-Jährige Anfang August 1999 Rang sechs im WM-Klassement – das war mehr als der leistungsschwache Supertec Motor vermuten ließ. Beim diesjährigen Grand Prix von Deutschland wurde Ralf hinter Heinz-Harald Frentzen Vierter und punktete erneut. Ein gutes Pflaster …

Häkkinen und Coulthard kontern
15. August 1999, GP von Ungarn in Budapest

Die Freude war riesig: Nach Pleiten, Pech und Pannen hatte Titelverteidiger Mika Häkkinen am 15. August 1999 beim Großen Preis von Ungarn seinen McLaren-Mercedes wieder auf Weltmeisterschaftskurs gebracht und seinen Ferrari-He-

rausforderer Eddie Irvine in die Schranken verwiesen. Irvine behauptete allerdings vor den Toren von Budapest trotz eines dritten Platzes hinter dem zweiten McLaren-Mercedes-Piloten David Coulthard mit 56 Punkten noch die Führung in der WM-Gesamtwertung.

Fünf Rennen vor Schluss einer sich zuspitzenden Formel-1-Saison lag Häkkinen nach seinem vierten Saisonsieg mit nur noch zwei Zählern Rückstand auf den Nordiren in Lauerstellung.

Ralf Schumacher wurde mit seinem Williams-Supertec beim Grand Prix von Ungarn lediglich Neunter.

Coulthard vor Häkkinen
29. August 1999, GP von Belgien in Spa

Spa-Francorchamps: Dem finnischen Formel-1-Weltmeister reichte am 29. August 1999 beim belgischen Grand Prix in Spa ein zweiter Platz hinter seinem überragenden Teamkollegen David Coulthard, um Ferrari-Pilot Eddie Irvine die WM-

Führung wieder abzujagen. Es war das vierte Formel-1-Rennen ohne den verletzten Michael Schumacher.

Heinz-Harald Frentzen war in seinem Jordan-Mugen-Honda als Dritter noch der Beste der „zweiten Liga“ vor Irvine und Ralf Schumacher auf Williams-Supertec. Irvines Einschätzung nach Spa traf den Nagel auf den Kopf: „Wir sind nicht schnell genug. Wir haben zwar einen Schritt nach vorn gemacht. Doch es reicht nicht. Die McLaren fahren in einer eigenen Klasse.“

Der jüngere der Schumacher-Brüder kam auch im 12. F-1-Weltmeisterschaftslauf dieses Jahres in die Punkteränge. Es war für Ralf bereits der achte Grand Prix 1999, der sein Punktekonto auffüllte.

Ein deutscher Doppelsieg
12. September 1999, GP von Italien Monza

Ein Patzer von McLaren-Mercedes-Pilot Mika Häkkinen beim Großen Preis von Italien am 12. September 1999 gestaltete das Formel-1-Titelrennen wieder offen. Und der Mönchengladbacher Heinz-Harald Frentzen (Jordan) gewann zum drittenmal in seiner Formel-1-Karriere einen Grand Prix. Zweiter des 13. WM-Laufes wurde Williams-Pilot Ralf Schumacher, der damit den zweiten deutschen Doppelsieg nach Imola 1997 perfekt machte. Damals belegte sein Bruder Michael hinter Frentzen den zweiten Platz. Dritter wurde diesmal Mika Salo (Ferrari).

Ferraris „erster Mann“ Eddie Irvine zog als Sechster im Rennen mit Mika Häkkinen nach Punkten (60) gleich. Die unerwartete Vorentscheidung fiel in der 30. Runde: Häkkinen verbremste sich bei der Anfahrt zur ersten Schikane nach Start und Ziel, stellte seinen Silberpfeil quer und rutschte von der Piste. Wütend schleuderte der Finne das Lenkrad auf den Rasen und verließ die Strecke. Wenig später hockte er wie ein Häufchen Elend hinter einer Hecke, hatte das Gesicht in den Händen vergraben. Ralf Schumacher zeigte sich nach seinem zweiten Platz in Monza und den sechs WM-Punkten überglücklich. „Ich danke auch meinem Teamkollegen Alex Zanardi, der mich überholen ließ und mir damit überhaupt erst ermöglichte, heute Zweiter zu werden", sagte der Kerpener.

Riesenpech in der Eifel
26. September 1999, GP von Europa am Nürburgring

Mit einem Überraschungssieg des Briten Johnny Herbert und einem Debakel für die Favoriten endete am 26. September 1999 ein dramatischer Großer Preis von Europa auf dem Nürburgring. Der Stewart-Ford-Pilot profitierte beim 14. Lauf zur Formel-1-Weltmeisterschaft von den Ausfällen der „Großen" und siegte vor Jarno Trulli aus Italien im Prost-Peugeot und seinem

brasilianischen Teamkollegen Rubens Barrichello. Rund 142.000 Zuschauer sahen die zahlreichen Ausfälle der Favoriten, darunter Heinz-Harald Frentzen und Ralf Schumacher. Jordan-Fahrer Frentzen blieb nach einem beeindruckenden Rennen in der 32. Runde nach einem Boxenstopp mit Defekt auf der Strecke stehen. Zu diesem Zeitpunkt hatte er souverän geführt.

Ralf Schumacher musste seine Träume vom ersten WM-Sieg in seinem 47. Formel-1-Rennen nach einem Reifenplatzer in der 50. Runde beenden. Er lag an der Spitze und fuhr mit zer-

fetztem Hinterreifen in die Box. Am Ende wurde er wenigstens noch Vierter.

Titelverteidiger Mika Häkkinen holte als Fünfter im McLaren-Mercedes noch zwei Punkte und eroberte in der WM-Wertung mit 62 Zählern die Führung vor Irvine (60), Frentzen (50) und David Coulthard (48).

Der Große Preis wurde überschattet vom schweren Unfall des Brasilianers Pedro Paolo Diniz. Diniz überschlug sich nach der ersten Kurve in seinem Sauber-Petronas und landete in der Auslaufzone mit abgeknicktem Überrollbügel auf dem Kopf. Der Österreicher Alexander Wurz hatte bei einem Ausweichmanöver in seinem Benetton-Playlife das Auto des Südamerikaners am rechten Hinterrad getroffen. Diniz hatte Glück – „er ist bei Bewusstsein, sein Zustand ist stabil", so Rennarzt Syd Watkins nach einer ersten Untersuchung.

Häkkinen vorläufiger Champion
17. Oktober 1999, GP von Malaysia in Sepang

Am 17. Oktober 1999 feierte Ferrari-Pilot Michael Schumacher in Sepang beim 15. WM-Lauf ein glänzendes Comeback. Drei Stunden später dann der Schock für die Scuderia: Nachdem der Doppel-Weltmeister seinem Teamkollegen Eddie Irvine beim Großen Preis von Malaysia den Sieg geschenkt und ihm damit die Tür zum WM-Titel geöffnet hatte, wurden die beiden Ferrari-Piloten wegen nicht regelkonformer Autos disqualifiziert. Der technische Delegierte des Internationalen Automobilverbandes (FIA), Jo Bauer, und anschließend die Rennkommissare beanstandeten die Windabweiser an der Fahrzeug-Vorderseite. Ferrari legte jedoch Berufung ein, der später stattgegeben wurde. Das Endergebnis von Malaysia nach der Disqualifikations-Entscheidung: 1. Mika Häkkinen (McLaren-Mercedes), 2. Johnny Herbert (Stewart-Ford), 3. Rubens Barrichello (Stewart-Ford), 4. Heinz-Harald Frentzen (Jordan-Mugen Honda), 5. Jean Alesi (Sauber-Petronas).

Großes Pech in Sepang hatte Ralf Schumacher: Der Kerpener landete im Williams-Supertec schon in der achten Runde im Kiesbett.

Jahrtausend-Weltmeister
31. Oktober 1999, GP von Japan in Suzuka

Am 31. Oktober 1999 fand in Tokio die Siegerehrung der letzten Formel-1-Saison im alten Jahrtausend statt. Der alte und neue Champion hieß Mika Häkkinen (McLaren-Mercedes) vor den beiden Ferrari-Piloten Michael Schumacher und Eddie Irvine. Der Finne krönte seine von vielen Höhenflügen und Tiefschlägen geprägte Formel-1-Saison mit einem souveränen Sieg beim Großen Preis von Japan. Das größte Lob kam von Michael Schumacher: „Mika ist ein großer Champion. Die WM ist gerecht ausgegangen." Das Ergebnis des 16. Laufes: Mika Häkkinen (McLaren-Mercedes) vor Michael Schumacher und Eddie Irvine (beide Ferrari). Vierter wurde Heinz-Harald Frentzen (Jordan-Mugen-Honda), den fünften Platz belegte Ralf Schumacher (Williams-Supertec). Für Ferrari blieb der Gewinn der Konstrukteurs-WM als Trostpreis.

Der Endstand in der Formel-1-Weltmeisterschaft 1999: 1. Mika Häkkinen, 2. Eddie Irvine, 3. Heinz-Harald Frentzen, 4. David Coulthard, 5. Michael Schumacher, 6. Ralf Schumacher, 7. Rubens Barrichello, 8. Johnny Herbert, 9. Giancarlo Fisichella, 10. Mika Salo, 11. Damon Hill, 12. Jarno Trulli, 13. Alexander Wurz, 14. Pedro Diniz, 15. Jean Alesi, 16. Olivier Panis, 17. Marc Gené, 18. Pedro de la Rosa, 19. Alessandro Zanardi, 20. Luca Badoer, 21. Jacques Villeneuve, 22. Ricardo Zonta, 23. Toranosuke Takagi.

Ralf Schumacher erlebte 1999 sein bis dahin bestes Jahr in der Formel 1. Im Alleingang holte er für seinen Arbeitgeber Williams 35 Weltmeisterschaftspunkte und hatte dabei seinen zunächst hoch eingeschätzten Teamkollegen Alessandro Zanardi immer sicher im Griff. Mit konstanten Leistungen fuhr Schumacher bei 16 Rennen elfmal unter die ersten Sechs und damit in die Punkteränge. Damit übertraf er sein Ergebnis beim Vorgänger-Rennstall Jordan deutlich, wo er in zwei Jahren (1997 und 1998) zusammen 27 WM-Punkte holte.

Am 26. September 1999 am Nürburgring hätte bereits Ralf Schumachers Sternstunde in der Formel 1 schlagen können. Der Williams-Pilot war schon im Qualifying zum Großen Preis von Europa in Bestform und hatte sich den vierten Startplatz erkämpft. Im Rennen brachte der erste Schauer die besten Autofahrer der Welt ins Schlingern, manche holten sich Regenreifen. Ralfs Runden auf Trockenreifen wurden ein Stück fürs Lehrbuch. In der 38. Runde übernahm er die Führung – sein erster Grand-Prix-Sieg, noch dazu bei seinem Heimrennen, schien zum Greifen nah. In der 50. Runde spürte Ralf im Williams-Supertec plötzlich Vibrationen vom rechten Hinterrad, er meldete sich sofort zum Boxenstopp an, aber der Reifen explodierte vorher.

Bei Williams war die Anerkennung für den 24 Jahre alten Piloten am Ende der 99er Saison groß. Teamchef Frank Williams („Ralf überzeugt durch gute Leistungen") besserte im Herbst den Vertrag des Kerpeners finanziell auf, um einige Ausstiegsklauseln streichen zu können – wohl auch im Hinblick auf die künftige Zusammenarbeit mit dem Münchener Automobilkonzern BMW. „Wir haben unseren Vertrag ein bisschen verändert. Wir arbeiten jetzt längerfristig zusammen ohne jegliche Ausstiegsmöglichkeiten", verriet Ralf Schumacher im Oktober 1999 dem Sportinformationsdienst. Bild am Sonntag meldete kurz darauf, der jüngere der Schumacher-Brüder werde in den nächsten drei Jahren bei Williams 55 Millionen Mark verdienen. Als Angestellter von BMW Williams ...

Das Unternehmen BMW kehrte im Jahr 2000 nach zwölf Jahren Abwesenheit in die Formel 1 zurück. Der bis dahin letzte Grand-Prix-Einsatz datierte auf 1987, der Gewinn der Weltmeisterschaft liegt noch vier Jahre länger zurück: 1983 trieb ein BMW Vierzylinder mit gewaltigem Turbo-Boost den Brasilianer Nelson Piquet zum Titel. BMW Motorsport Direktoren und Leiter des Unternehmens „BMW in der Königsklasse" wurden Gerhard Berger und Dr. Mario Theissen. An der Seite des renommierten Technikers Theissen bringt der ehemalige Grand-Prix-Pilot Berger 14 Jahre Formel-1-Erfahrung ein. „Wir werden unsere Lernzeit brauchen, anders geht es nicht", meinte Berger am Anfang. „Die Formel 1 ist für Prognosen zu unberechenbar, aber die Zielsetzung lautet: Ende des zweiten Jahres mit den Spitzenteams mithalten zu können und im dritten Jahr aus eigener Kraft um Siege fahren zu können." Frank Williams und Patrick Head stehen als Teambesitzer und Technical Director an der Spitze von WilliamsF1. „1997 haben wir die Weltmeisterschaft letztmals gewonnen. Wir wollen den zehnten Konstrukteurs- und den achten Fahrertitel. Ich glaube, dass wir das mit BMW schaffen – sicher nicht aus dem Stand, aber langfristig", formulierte Frank Williams die Ziele der deutsch-britischen Partnerschaft, die zunächst auf fünf Jahre (2000 bis 2004) angelegt wurde.

Im Januar 2000 meldeten BMW und Williams: „Das BMW Williams Formel-1-Team ist komplett!" Auf dem Circuit de Catalunya bei Barcelona wurde der FW22 und der zweite Fahrer neben Ralf Schumacher, der 20-jährige Engländer Jenson Button, präsentiert. An der Spitze des FW22-Konstrukteursteams standen Geoff Willis als Chef-Aerodynamiker und Gavin Fisher als Chef-Konstrukteur. Der FW22 wird bei WilliamsF1 in England nahe des Ortes Grove gebaut. Für die Entwicklung und Fertigung des V10-Zylinders richtete BMW ein eigenes Formel-1-Zentrum in München ein. Auf den Piloten, der in der Saison 2000 hauptsächlich die Erfolge einfahren sollte, hält Motorsport Direktor Berger große Stücke: „Ralf hat einen hohen Grundspeed, eine rasche Auffassungsgabe, und er macht gegenüber seinem Renn-Ingenieur eindeutige Aussagen über das Verhalten seines Autos." Er habe schon die Lösung, wenn andere Fahrer noch das Problem suchten, meinte Berger weiter. „Schumacher hat Weltmeisterpotenzial."

Ein Traumstart für Michael Schumacher
12. März 2000,
GP von Australien in Melbourne

Traumstart für Michael Schumacher am 12. März 2000 beim Großen Preis von Australien: Der 31-jährige Ferrari-Pilot gewann zum ersten Mal in seiner Formel-1-Karriere einen Grand Prix in Melbourne und legte damit den Grundstein für den erhofften dritten WM-Titel. Für die McLaren-Mercedes-Piloten Mika Häkkinen und David Coulthard endete das WM-Auftaktrennen dagegen mit einem Totalausfall. Beide fielen mit Motorschaden aus. Zweiter des Rennens wurde Schumachers brasilianischer Teamkollege Rubens Barrichello, für den Melbourne zugleich das Debüt im Ferrari war. Ralf Schumacher wurde im Williams nach 58 Runden überraschend Dritter. Der Kerpener konnte sein 50. Formel-1-Rennen als geglücktes Jubiläum feiern. Motorenpartner BMW feierte durch Ralfs Superleistung vor 124.000 Zuschauern auf dem schnellen Stadtkurs im Albert Park ein sensationelles Comeback in der Königsklasse. Formel-1-Debütant Nick Heidfeld (Prost-Peugeot) kam beim ersten WM-Lauf als Neunter ins Ziel.

Entscheidung am grünen Tisch
26. März 2000, GP von Brasilien in Sao Paulo

Vier Stunden musste Ferrari-Star Schumacher am 26. März 2000 um seinen Sieg beim Großen Preis von Brasilien in Sao Paulo zittern, erst dann bestätigte der Automobil-Weltverband FIA das Ergebnis des Kerpeners offiziell. Damit führte Schumacher die Gesamtwertung nach dem zweiten WM-Lauf mit der Idealpunktzahl 20 an.

McLaren-Mercedes blieb auch in Brasilien das Pech treu. Erst fiel Weltmeister Mika Häkkinen, im Rennen in Führung liegend, mit technischem Defekt aus, dann wurde seinem Teamkollegen David Coulthard am „grünen Tisch" der zweite Platz nachträglich aberkannt. Die Rennkommisare hatten nach genauen Untersuchungen und mehrstündigen Beratungen entschieden, dass der Frontflügel von Coulthards McLaren-Mercedes nicht dem technischen Reglement entsprach. Durch Coulthards Disqualifikation rückten hinter Schumacher alle neun gewerteten Fahrer um einen Platz auf. Zweiter wurde damit beim zweiten WM-Lauf der Italiener Giancarlo Fisichella (Benetton) vor dem Mönchengladbacher Heinz-Harald Frentzen und Jarno Trulli aus Italien (beide Jordan).

Ralf Schumacher im Williams-BMW rangierte am Ende eines langen Tages im Autodromo José Carlos Pace auf Platz fünf. Sein erst 20 Jahre alter englischer Teamkollege Jenson Button wurde auf Platz sechs gesetzt und holte damit als jüngster Fahrer der Formel-1-Geschichte einen WM-Punkt.

Dritter Saisonsieg in Serie
9. April 2000, GP von San Marino in Imola

Michael Schumacher kam am 9. April 2000 in Imola seinem Traum vom dritten Weltmeistertitel wieder ein Stück näher. Der Ferrari-Fahrer feierte vor 120.000 Tifosi im Autodromo Enzo e Dino Ferrari beim Großen Preis von San Marino den dritten Saisonsieg in Folge. Titelverteidiger Mika Häkkinen und David Coulthard belegten bei diesem dritten WM-Lauf die Plätze zwei und drei. Das McLaren-Mercedes-Duo setzte damit den Auftaktpleiten ein Ende. Rubens Barrichello krönte als Vierter den Erfolg der Scuderia Ferrari.

Michael Schumacher lag nach dem Grand Prix von San Marino mit 30 Punkten 21 Zähler vor seinem Teamkollegen Barrichello (9). Dritter war Giancarlo Fisichella (8), dahinter folgten Mika Häkkinen und Ralf Schumacher (beide 6).

Silberpfeile feiern Doppelschlag
23. April 2000, GP von England in Silverstone

Beim Großen Preis von Großbritannien in Silverstone am 23. April 2000 feierten die Silberpfeile erstmals in dieser Saison einen Doppelsieg. David Coulthard gewann den vierten Formel-1-Weltmeisterschaftslauf vor seinem Teamkollegen und

Titelverteidiger Mika Häkkinen. Michael Schumacher fuhr nach drei Siegen wegen eines verpatzten Starts der Konkurrenz nur hinterher und musste sich mit dem dritten Platz begnügen.

Bruder Ralf Schumacher fuhr im Williams-BMW auf Rang vier und erneut in die Punktewertung.

Verpatzter Boxenstopp kostet den Sieg
7. Mai 2000, GP von Spanien in Barcelona

Ein verpatzter Boxenstopp zum Tanken kostet Doppel-Weltmeister Michael Schumacher am 7. Mai 2000 in Barcelona den Sieg beim Großen Preis von Spanien. Dank des Missgeschicks bei Ferrari konnte sich der finnische Silberpfeil-Pilot Mika Häkkinen mit seinem ersten Saisonsieg eindrucksvoll im Titelkampf zurückmelden.

Nur fünf Tage nach seinem Flugzeugabsturz bewies der zweite McLaren-Mercedes-Pilot David Coulthard außerordentliche Nervenstärke und wurde mit 16 Sekunden Rückstand Zweiter vor dem Brasilianer Rubens Barrichello im Ferrari.

Erstmals in dieser Saison stand kein Deutscher auf dem Siegerpodest, Ralf Schumacher holte sich als Vierter aber immerhin vor rund 85.000 Zuschauern auf dem Circuit de Catalunya noch wertvolle WM-Punkte. Beim Start hatte sich Ralf bereits das Fundament für den späteren Erfolg gelegt, als er im Williams von der fünften auf die dritte Position vorpreschte.

Durchblick im Schmuddelwetter
21. Mai 2000, GP von Europa am Nürburgring

Schmuddelwetter in der Eifel am 21. Mai 2000, aber Michael Schumacher behielt beim Großen Preis von Europa auf dem Nürburgring, dem 6. Lauf zur Formel-1-Weltmeisterschaft, den Durchblick. Mit seinem 20. Ferrari-Triumph stoppte der Kerpener die Siegesserie der Silberpfeile und verwies Mika Häkkinen und David Coulthard auf die Plätze zwei und drei. Schumachers Teamkollege Rubens Barrichello wurde Vierter.

Über 100.000 Zuschauer sahen Schumachers zweiten Sieg

auf dem Nürburgring nach 1995 im Benetton-Renault. In der WM-Wertung führte der Kerpener nun nach sechs von 17 Rennen mit 46 Punkten vor Häkkinen (28) und Coulthard (24).

Bruder Ralf schied bereits in der 30. Runde aus. Bei einem Ausweichmanöver mit seinem Williams-BMW rutschte der 24-jährige Pilot hilflos in Eddie Irvines Jaguar. Irvine war zuvor von Jos Verstappen regelrecht „abgeschossen“ worden.

Den Sieg zum Greifen nahe
4. Juni 2000,
GP von Monaco in Monte Carlo

Großes Pech für Michael Schumacher beim Großen Preis von Monaco in Monte Carlo am 4. Juni 2000: Eine defekte Radaufhängung brachte den Ferrari-Star beim 7. WM-Lauf um den scheinbar sicheren und souveränen Sieg.

Nach Schumachers bitterem Ausscheiden in der 57. Runde war der Weg für David Coulthard frei. Der schottische Silberpfeil-Pilot feierte in Monte Carlo seinen zweiten Saisonsieg vor Rubens Barrichello (Ferrari). Giancarlo Fisichella wurde Dritter im Benetton vor Eddie Irvine (Jaguar) und Mika Salo (Sauber).

Trotz der Panne behauptete Michael Schumacher weiterhin die Spitzenposition in der Fahrerwertung mit 46 Punkten gefolgt von Coulthard (34), Häkkinen (29) und Barrichello (22).

Der Grand Prix von Monaco, auch ein „schwarzer Sonntag“ für Ralf Schumacher: Der Williams-BMW-Pilot hatte in der St. Devote-Kurve an vierter Stelle liegend einen Unfall und humpelte zur Leitplanke. Er musste auf einer Trage zurückgebracht werden und kam ins Princesse-Grace-Hospital. Dort wurde eine acht Zentimeter lange, blutende Schnittwunde am linken Unterschenkel behandelt. „Ich weiß nicht, wie es zu der Verletzung kam“, erklärte Ralf Schumacher der Presse. „Ich sah Häkkinen aus der Box kommen, wich auf die linke, schmutzige Spur aus und konnte nicht mehr rechtzeitig bremsen. Dann landete ich im Ende des Reifenstapels.“ Beim nächsten Grand Prix in zwei Wochen in Kanada könne Ralf Schumacher wieder starten, teilte BMW-Motorchef Gerhard Berger später mit.

Ferrari wieder auf Titelkurs
18. Juni 2000, GP von Kanada in Montreal

Mit dem 40. Sieg seiner Karriere beim Großen Preis von Kanada am 18. Juni 2000 baute Ferrari-Pilot Michael Schumacher seine Führung im WM-Gesamtklassement mit 56 Punkten weiter aus. In Montreal fuhr er erneut ein perfektes Regen-Rennen und gewann den achten Lauf vor seinem Teamkollegen Rubens Barrichello. Titelverteidiger Mika Häkkinen (McLaren-Mercedes) wurde hinter Giancarlo Fisichella (Benetton) nur Vierter, Schumacher-Verfolger David Coulthard (McLaren-Mercedes) kam nach einem Fehler seiner Mechaniker vor dem Start überhaupt nicht in die Punkte.

Durch seinen fünften Sieg nach 69 Runden auf dem 4,421 Kilometer langen Kurs auf einer Insel im St. Lorenz-Strom führte Schumacher in der Gesamtwertung (56 Punkte) vor Coulthard (34), Häkkinen (32) und Barrichello (28).

Ralf Schumacher hielt trotz seiner beim GP in Monte Carlo erlittenen Beinverletzung lange in Montreal mit. Vier Runden vor Schluss rammte ihn der kanadische Lokalmatador Jacques Villeneuve von der Piste.

Coulthard siegt vor Häkkinen
2. Juli 2000, GP von Frankreich in Magny-Cours

Doppelsieg der Silberpfeile beim Großen Preis von Frankreich in Magny-Cours am 2. Juli 2000: Als WM-Spitzenreiter Michael Schumacher in der 60. von 72 Runden nach einem Motorschaden aufgeben musste, war der Weg zum Doppelschlag von McLaren-Mercedes frei. Der Rennstall hatte noch nie zuvor in Magny-Cours gewonnen – nach 305,886 Kilometern machte David Coulthard seinen neunten Formel-1-Sieg perfekt. Zweiter des 9. WM-Laufes wurde Teamkollege Mika Häkkinen. Hinter Häkkinen kam vor 110.000 Zuschauern Rubens Barrichello im zweiten Ferrari auf Platz drei.

Von den anderen drei Deutschen fuhr nur Ralf Schumacher (Williams-BMW) als Fünfter in die Punkte. Vorjahres-Sieger

Heinz-Harald Frentzen (Jordan) landete auf Platz sieben, Nick Heidfeld (Prost-Peugeot) wurde Zwölfter.

Wieder Pech für die Scuderia
16. Juli 2000, GP von Österreich in Spielberg

Ein kapitaler Fahrfehler des Brasilianers Ricardo Zonta warf Ferrari-Pilot Michael Schumacher am 16. Juli 2000 beim Großen Preis von Österreich in Spielberg schon nach wenigen Sekunden aus dem Titel-Rennen. Die McLaren-Mercedes Verfolger Mika Häkkinen und David Coulthard nutzten den bitteren Ausfall des WM-Spitzenreiters, um ihre zuletzt so erfolgreiche Aufholjagd fortzusetzen. Titelverteidiger Häkkinen feierte beim zehnten Lauf zur Formel-1-Weltmeisterschaft seinen zweiten Saisonsieg, David Coulthard wurde Zweiter. Hinter Coulthard kam der zweite Ferrari-Fahrer Rubens Barrichello ins Ziel.

Die Ausfälle von Heinz-Harald Frentzen (5. Runde), Nick Heidfeld (43. Runde) und Ralf Schumacher (63. Runde) machten den Grand Prix auf dem A1-Ring für das deutsche Fahrerquartett zu einem Wochenende voller Pleiten, Pech und Pannen. Der jüngere der Schumacher-Brüder musste nach einer Kollision in der achten Runde erstmals an die Box, um sich eine neue „Nase“ abzuholen. Danach steuerte der Williams-BMW-Pilot erneut zur Reparatur. Erst nach langer Pause nahm Ralf – aussichtslos abgeschlagen – das Rennen wieder auf, konnte es aber nicht mehr zu Ende fahren.

Vor der nächsten Veranstaltung, dem GP von Deutschland am Hockenheimring, war Michael Schumachers Vorsprung in der WM-Gesamtwertung auf sechs Punkte geschmolzen. Der Ferrari-Pilot führt nach Spielberg mit 56 Punkten vor Coulthard (50), Häkkinen (48) und Barrichello (36).

Fisichella rammt Schumacher
30. Juli 2000, GP von Deutschland in Hockenheim

„Fisichella rammt Schumi – Barrichello siegt“, so lautete die Schlagzeile nach dem Großen Preis von Deutschland am 30. Juli 2000 in Hockenheim. Ferrari-Pilot Michael Schumacher schied nach einer weitgehend selbst verschuldeten Karambolage mit dem Italiener Giancarlo Fisichella schon rund 250 Meter nach dem Start aus. McLaren-Mercedes-Kontrahent David Coulthard hatte mit einem wilden Schlenker nach links die Kollision indirekt mit verursacht.

In die Rolle des Ferrari-Stars schlüpfte Rubens Barrichello. Der Brasilianer fuhr nach einem grandiosen Rennen vom 18. auf den ersten Platz vor, wechselte trotz einsetzenden Regens nicht die Reifen und rettete Schumacher mit seinem Poker so den ersten Platz in der Gesamtwertung.

Ein auf die Strecke stürmender Zuschauer, ein schwerer Unfall zwischen Jean Alesi und Pedro Diniz sowie einsetzender Platzregen sorgten für weitere Aufregung bei dem dramatischen elften Lauf zur Formel-1-WM. Nach Barrichello kam in Hockenheim das Silberpfeil-Duo Mika Häkkinen und David Coulthard ins Ziel. Der finnische Titelverteidiger Häkkinen lag 7,4 Sekunden hinter dem Sieger zurück.

Ralf Schumacher verpasste als Siebter im Williams-BMW vor 100.000 Zuschauern auf dem badischen Hochgeschwindigkeitskurs knapp einen weiteren WM-Zähler.

Blitzstarter Häkkinen in WM-Führung
13. August 2000, GP von Ungarn in Budapest

McLaren-Mercedes-Star Mika Häkkinen übernahm am 13. August 2000 in Budapest erstmals in dieser Saison die Führung in der WM-Gesamtwertung. Beim Großen Preis von Ungarn legte der Weltmeister wie schon in Hockenheim einen Blitzstart hin und übernahm sofort die Führung des Feldes. Der Finne hatte bei seinem Start-Ziel-Sieg am Ende 7,9 Sekunden Vorsprung vor Michael Schumacher (Ferrari), Dritter wurde David Coulthard (McLaren-Mercedes). Häkkinen führte nach diesem Grand Prix mit 64 Punkten vor Schumacher (62) und Coulthard (58). Ralf Schumacher kam in Budapest als Fünfter ins Ziel und erneut zu Punkte-Ehren. „Ich bin zufrieden mit meinem fünften Platz. Das Auto lief hier sehr gut, dadurch hielten sich die Strapazen trotz der Hitze in Grenzen“, sagte er nach dem Rennen.

Ein spektakuläres Überholmanöver
27. August 2000, GP von Belgien in Spa

„Michael Schumacher kann nicht mehr gewinnen und Häkkinen siegt“ – so lautete verkürzt das Rennergebnis am 27. August 2000 beim Großen Preis von Belgien in Spa-Francorchamps. Die Nachrüstung nach dem Ungarn-Grand-Prix vor zwei Wochen hatte sich für Ferrari in Spa am Ende doch nicht ausgezahlt. Auch mit neuem Motor konnte Michael Schumacher es nicht verhindern, dass kurz vor Schluss Mika Häkkinen im Silberpfeil durch ein spektakuläres Überholmanöver an ihm vorbeizog und bis ins Ziel die Führung übernahm. Vier Rennen vor dem WM-Finale baute der Finne in Spa seinen Vorsprung in der Gesamtwertung auf sechs Punkte aus.

90.000 Zuschauer rund um den Ardennen-Kurs sahen auch ein phantastisches Rennen von Ralf Schumacher. Der Williams-BMW-Pilot kam nach 44 Runden als Dritter hinter Häkkinen ins Ziel und punktete.

Nach 13 WM-Läufen führte Mika Häkkinen mit 74 Punkten vor Michael Schumacher (68) und David Coulthard (61), der in Spa im zweiten Silberpfeil Vierter wurde.

Ferrari-Triumph beim Heim-Grand-Prix
10. September 2000, GP von Italien in Monza

Michael Schumacher stürzte am 10. September 2000 in Monza die Ferrari-Anhänger mit seinem Triumph beim Heim-Grand-Prix in einen roten Freudentaumel und sorgte zugleich wieder für einen völlig offenen WM-Endspurt. Beim Großen Preis von Italien beendete der Kerpener mit seinem sechsten Saisonsieg eine dreimonatige Durststrecke und kämpfte sich bis auf zwei Punkte an Titelverteidiger Mika Häkkinen heran. Der Finne belegte im McLaren-Mercedes beim 14. Saisonlauf mit 3,8 Sekunden Rückstand den zweiten Platz.

Ralf Schumacher errang als Dritter wie zuletzt in Belgien im Williams-BMW erneut einen großartigen Podestplatz.

Für Bruder Michael war der Monza-Sieg der 41. Grand-Prix-Erfolg überhaupt. Der 31-jährige Ferrari-Star zog beim Großen

Preis von Italien mit dem 1994 tödlich verunglückten Dreifach-Champion Ayrton Senna gleich.

Bei drei noch ausstehenden Formel-1-Rennen um die Fahrer-WM führte nach Monza Häkkinen mit 80 Punkten vor Schumacher (78). Die bei einer Massenkarambolage frühzeitig ausgeschiedenen David Coulthard (61) und Rubens Barrichello (49) waren praktisch aus dem Titelrennen.

Der offenbar von Frentzen im Jordan ausgelöste Unfall dezimierte das Feld der 22 Fahrer gleich in der zweiten Schikane um sieben Teilnehmer. Das Rennen wurde sofort neutralisiert. Elf Runden lang fuhr das Safety Car vor den noch fahrbereiten Rennwagen, ehe die Strecke völlig geräumt war. Ein Feuerwehrmann wurde von einem umherfliegenden Wrackteil getroffen und dabei so schwer verletzt, dass er noch an der Unfallstelle starb.

Grand-Prix-Zirkus gastiert in Nordamerika
24. September 2000, GP der USA in Indianapolis

Michael Schumachers großer Traum vom ersten WM-Titel mit Ferrari nahm beim Großen Preis der USA in Indianapolis immer mehr Konturen an. Der zweimalige Formel-1-Champion profitierte am 24. September 2000 vom Ausfall (Motorschaden) seines schärfsten Konkurrenten Mika Häkkinen und eroberte die WM-Führung zurück. Nach seinem siebten Sieg im 15. Saisonrennen lag das Ferrari-Ass nach dem GP mit 88 Zählern vor den McLaren-Mercedes-Piloten Häkkinen (80) und David Coulthard (63).

Schumachers Teamgefährte Rubens Barrichello wurde in Indianapolis Zweiter vor Heinz-Harald Frentzen im Jordan-Mugen-Honda. 220.000 Zuschauer auf dem berühmtesten Renn-Oval der Welt erlebten beim Amerika-Comeback der Königsklasse zunächst einen historischen Moment. Nach dem Aus Häkkinens führten plötzlich drei Deutsche: Michael vor Ralf Schumacher (Williams-BMW) und Heinz-Harald Frentzen (Jordan).

Ralf fuhr erneut ein starkes Rennen, musste aber in der 61. Runde nach einem Problem mit der Ventilsteuerung aufgeben.

Gestartet von Position zehn aus, hatte der Kerpener sich beherzt auf den zweiten Rang vorgekämpft. Nach dem Rennen sagte er: „Ich bin sehr enttäuscht, dass ich meinen zweiten Platz aufgeben musste. Wir hatten ein Problem mit der Luftversorgung der Ventilsteuerung, ich musste den Motor abstellen. Ich konnte Michael folgen und wäre auf jeden Fall Zweiter geworden."

In Maranello läuten die Glocken
8. Oktober 2000, GP von Japan in Suzuka

Endlich! Im fünften Jahr als „Roter" beendete Michael Schumacher am 8. Oktober 2000 im japanischen Suzuka die 21-jährige Durststrecke der Scuderia Ferrari und holte den WM-Titel wieder nach Maranello. Beim Start zum Großen Preis von Japan flog Mika Häkkinen zunächst im Silberpfeil am Ferrari vorbei an die Spitze, konnte sich danach jedoch nicht entscheidend von Schumacher absetzen. Nach 15 Runden lag der Finne nur etwa zwei Sekunden vor dem Ferrari-Piloten, alle anderen Fahrer waren schon zu diesem Zeitpunkt bereits weit abgeschlagen. Häkkinen legte seinen zweiten Boxenstopp in der 37. Runde ein, Schumacher drei Runden später. Das war der Schlüssel zum Erfolg, denn in dieser Zeit fuhr Schumacher die entscheidenden Sekunden heraus.

Das BMW WilliamsF1 Team kam beim 16. WM-Lauf zum elften Mal in dieser Saison in die Punkteränge. Jenson Button wurde Fünfter, Ralf Schumacher fiel nach einem Dreher aus. Er sagte nach dem Rennen: „Ich kann kaum beschreiben, wie ich mich für meinen Bruder freue."

BMW feiert den dritten Platz
22. Oktober 2000, GP von Malaysia in Sepang

Beim letzten Lauf der Formel-1-Saison 2000 in Sepang beseitigte Michael Schumacher auch die letzten rechnerischen Zweifel: Zwei Wochen nach seinem Triumph in Suzuka holte sich Ferrari auch den Marken-Titel. Drei Punkte hätten die „Roten" noch gebraucht, 14 wurden es schließlich in Malaysia.

Schumacher gewann den Grand Prix vor David Coulthard (McLaren-Mercedes), Rubens Barrichello (Ferrari) und Mika Häkkinen (McLaren-Mercedes). In der Endabrechnung brachte es Ferrari auf 170 Zähler, 18 mehr als Verfolger McLaren (152).

Das äußerst erfolgreiche Debütjahr des BMW WilliamsF1-Teams endete beim Saisonfinale mit einer Enttäuschung: Ralf Schumacher und Jenson Button fielen in Sepang aus. Dennoch verteidigten das Team Platz drei in der Weltmeisterschaft der Konstrukteure und Ralf Rang fünf in der Fahrer-WM. Das Comeback von BMW in der Formel 1 war ein Comeback mit Ausrufezeichen. Schon das Ziel, der fünfte Platz, war ehrgeizig. Der dritte Platz in der Konstrukteurswertung am Ende war sensationell. Zu verdanken war dieses Ergebnis in erster Linie Ralf Schumacher. Der Kerpener fuhr hinter dem Top-Quartett von Ferrari und McLaren-Mercedes eine starke Saison, wurde in Großen Preisen dreimal Dritter und verbuchte insgesamt 24 WM-Zähler.

Der Endstand in der Formel-1-Weltmeisterschaft 2000: 1. Michael Schumacher, 2. Mika Häkkinen, 3. David Coulthard, 4. Rubens Barrichello, 5. Ralf Schumacher, 6. Giancarlo Fisichella, 7. Jacques Villeneuve, 8. Jenson Button, 9. Heinz-Harald Frentzen, 10. Jarno Trulli, 11. Mika Salo, 12. Jos Verstappen, 13. Eddie Irvine, 14. Ricardo Zonta, 15. Alexander Wurz, 16. Pedro de la Rosa, 17. Johnny Herbert, 18. Pedro Diniz, 19. Nick Heidfeld, 20. Jean Alesi, 21. Marc Gené, 22. Gaston Mazzacane.

Wenn das Duo Michael Schumacher und Gerhard Noack Anfang der 80er Jahre auf deutschen Kartbahnen auftauchte, dann war die Konkurrenz wenig erfreut. Der erste Platz, so hatte es sich herumgesprochen, war meist für das Kerpener Ausnahmetalent „reserviert“, der Rest fuhr hinterher. Noack, gelernter Kfz-Schlosser und Kaufmann, war 27 Jahre alt, als er Michael Schumacher sein erstes Kart schenkte. Ab 1979 reisten beide quer durch die Bundesrepublik und nahmen an fast allen bedeutenden Rennen teil. Michael, damals noch keine 10 Jahre alt, startete als Gastfahrer bei den Clubmeisterschaften und gewann nahezu alle. Gerhard Noack, der sich später beruflich voll dem Kartsport verschrieb (seine Firma „KSN-Motorsporthandel“ gehört heute zu den drei Branchenführern in Deutschland) gilt als Entdecker, Förderer und Sponsor des zwei-

maligen Formel-1-Weltmeisters. Auch Michaels jüngerer Bruder Ralf hat von Noack und seinem Geschäft auf dem Gelände der Kerpen-Manheimer Kartbahn profitiert.

Es dauerte eine ganze Weile, bis Geschäftsmann Noack einen freien Termin für den Autor hatte, und es dauerte eine Weile, sein Vertrauen zu gewinnen. Zu viele Journalisten kreuzten in der Vergangenheit in der Steinheide auf, fragten den Schumacher-Entdecker Löcher in den Bauch, wollten Internas über die Brüder wissen. So manch wichtiges Detail wurde da später unterschlagen, einige Zitate wurden völlig sinnentstellt wiedergegeben. Deshalb hat Gerhard Noack von den Medien bisweilen die Nase gestrichen voll. Manchmal lässt er sich aber dann doch erweichen.

„Es rufen einfach immer noch zu viele Presseleute bei mir an“, meint Noack entschuldigend. „Jeder hat noch irgendeine ganz spezielle Frage zu Michael oder Ralf. Besonders wild geht es vor den Rennen am Nürburgring oder in Hockenheim zu. Dann müssen die Blätter gefüllt werden, und das Telefon klingelt den ganzen Tag – Schu-Mania.“ Noack findet es übrigens gut, dass jetzt auch mal über Ralf Schumacher ein Buch ge-

ralf schumacher

Für Williams und BMW

Formel-1-Einstand bei Williams am 7. März 1999 in Melbourne

WM-Punkte 1999

GP von Australien: 4
GP von Brasilien: 3
GP von San Marino: 0
GP von Monaco: 0
GP von Spanien: 2
GP von Kanada: 3
GP von Frankreich: 3
GP von England: 4
GP von Österreich: 0
GP von Deutschland: 3
GP von Ungarn: 0
GP von Belgien: 2
GP von Italien: 6
GP von Europa: 3
GP von Malaysia: 0
GP von Japan: 2

Fahrerwertung: 6. Platz
WM-Gesamtpunkte: 35

WM-Punkte 2000

GP von Australien: 4
GP von Brasilien: 2
GP von San Marino: 0
GP von England: 3
GP von Spanien: 3
GP von Europa: 0
GP von Monaco: 0
GP von Kanada: 0
GP von Frankreich: 2
GP von Österreich: 0
GP von Deutschland: 0
GP von Ungarn: 2
GP von Belgien: 4
GP von Italien: 4
GP der USA: 0
GP von Japan: 0
GP von Malaysia: 0

Fahrerwertung: 5. Platz
WM-Gesamtpunkte: 24

macht wird. „Für den Ralf hat sich bisher noch kein Biograf groß interessiert", bedauert er. „Obwohl er doch schon lange seine eigene Fan-Gemeinde hat". Aber auch dieses Phänomen hat mit dem „Bruder-Problem" zu tun. Gerhard Noack über die Hypothek des jüngeren Schumacher: „Ralf hatte es von Anfang an schwer. Egal was er machte und wie er es machte, immer hieß es: ‚Du bist doch der Bruder vom Michael'. Eine Reaktion auf diesen permanenten und belastenden Vergleich war Ralfs Haltung, die er damals an den Tag legte. Viele Leute interpretierten diese Schutzhaltung als reine Arroganz. Aber Ralf war mit Sicherheit nicht arrogant. Ganz im Gegenteil, er war und ist ein ganz lieber Kerl. Sein einziges Problem war, dass er den gleichen Sport betrieb wie sein großer Bruder – zuerst den Kartsport, dann den Automobilrennsport." Und Ralf sei immer nur mit Michael Schumacher verglichen worden, gibt Noack zu bedenken. „Er ist nicht mit anderen Rennfahrern verglichen worden, nur immer wieder mit seinem Bruder. Michael war der erste supererfolgreiche deutsche Formel-1-Fahrer, nach ihm kam schon der ‚kleine Schumi', bei Frentzen und später bei Heidfeld flachte das Interesse der Öffentlichkeit und der Medien merklich ab."

Beim Stichwort „Medien" will sich Noack einen Seitenhieb nicht verkneifen. „Die Presse ist nicht immer fair. Mich stören oft die Extreme – sind sie negativ eingestellt, oder werden sie positiv berichten? Manchmal beschleicht mich ein ungutes Gefühl, und ich frage mich: Was machen die Leute gerade mit mir? Mit ähnlichen Extremen hatte auch Ralf Schumacher zu kämpfen. Vor einiger Zeit hatten wir einen schweren Kart-Unfall mit tödlichem Ausgang. Dies passiert äußerst selten. Es war erst der zweite Fall, den ich in den vergangenen 25 Jahren im Kartsport erlebt habe. Aber was geschah? Ein Kamerateam von einem großen Unterhaltungssender trieb sich ein ganzes Wochenende hier auf der Kartbahn rum. Die Truppe hat sich für alles mögliche interessiert, nur nicht für den Kartsport. Gefragt wurde nach Unfallstatistiken, nach aktuellen Zwischenfällen, nach der Gefährlichkeit dieser Sportart. Das Endergebnis war ein Magazinbeitrag zur besten Sendezeit, in dem Kartrennen total schlecht gemacht wurden. Von Objektivität keine Spur, eher muss man hier von ‚bewusster Verfälschung mit Blick auf die Einschaltquoten' sprechen." Nein, meint Noack immer noch wütend, mit solchen Leuten wolle er nichts mehr zu tun haben.

Zurück – in die Vergangenheit! Wie war das mit den Anfängen auf der Kartbahn in Kerpen-Manheim? Gerhard Noack erzählt noch einmal die Geschichte von Michael, Ralf und einem geduldigen Vater: „Ich habe die Eltern der beiden Schumacher-Brüder kennen gelernt, als hier in der alten Kiesgrube gerade die moderne Kartbahn gebaut wurde. Vater Rolf Schumacher übernahm später die Bahnaufsicht, seine Frau Elisabeth leitete den Gastronomiebetrieb. Die Jungs konnte man jede freie Minute auf dem Gelände antreffen. Und wie Kinder halt so sind: Der Kleine wollte immer bei seinem Bruder sein, hing dem auf der Pelle und verursachte so manchen Zoff. Vater Schumacher hat dann meist geschlichtet, den Ralf getröstet und sich um ihn mehr gekümmert als um den Großen, der immer schon sehr selbstständig war. Und natürlich wollte das ‚Nesthäkchen' auch im Kart sitzen, wie der Ältere. Rolf Schumacher hat Ralf um des lieben Friedens willen dann einen kleinen Kart geschenkt."

Viele Wege führen zum Erfolg – Michael und Ralf aber gingen unterschiedliche. „Anfänglich hat Ralf versucht, auf dem leichteren Weg voranzukommen", lacht Noack. „Er wollte möglichst viele Ziele erreichen, nur mit dem Ehrgeiz haperte es zunächst gewaltig. Da war Michael schon aus einem ganz anderen Holz geschnitzt. Er war ein Fanatiker, übertrieb es sogar mit dem Fitnesstraining. Ralf hingegen hatte so seine Gewichtsprobleme. Erst viel später hat auch er gemerkt, dass es ohne Selbstdisziplin nicht geht. Spätestens in der ADAC Formel Junior hat er angefangen, ein strenges Fitnessprogramm zu absolvieren. Heute hat er die gleiche körperliche Konstitution wie sein Bruder." Ralf – dem großen Bruder hinterher? Michael hatte in Gerhard Noack seinen „Kart-Ziehvater" gefunden, der kleine Schumacher wurde später von Wolfgang Sassmannshausen gefördert. Wie muss man solche Partnerschaften verstehen? Noack erklärt: „Ziehvater ist nicht ganz das richtige Wort, trifft aber dennoch den Kern. Rolf und Elisabeth Schumacher hatten durch die Bahnaufsicht, den Leih-Kart-Betrieb und die Gastronomie nicht immer genügend Zeit für ihre Kinder. Besonders an Wochenenden, wenn Kartrennen anstanden, konnte keiner von den beiden mit. Michael war schon sehr früh mit mir zusammen. Und auch der Ralf suchte immer die Nähe zu Erwachsenen, die Zeit für ihn und seinen Kartsport hatten. Sassmannshausen und ich haben viel Zeit mit unseren Schützlingen verbracht, wir haben sie auf die Kartwettbewerbe vorbereitet, wir sind mit ihnen zu den Veranstaltungen gefahren, haben uns um alles gekümmert. Natürlich ist dann für Michael und für Ralf ihr Betreuer auch mit der Zeit zu einer Art Vorbild geworden, vielleicht auch zu einem Ziehvater. Besonders der Ralf brauchte viel Aufmerksamkeit. Er war der kleine Schumacher, sein Bruder war das Vorbild, und ihm wollte er immer hinterher. Auch in puncto Anerkennung. Heute ist Ralf ein völlig anderer Typ als früher. Er hat dieses ‚Bruder-Sein' endlich ablegen können. Aber zurück zur Frage nach dem ‚Ziehvater'. Sassmannshausen hat mit Ralf genauso viel Zeit verbracht, wie ich früher mit Michael. Viel freie Zeit. Dass daraus dann so etwas wie Kind-Ersatz wurde – Wolfgang Sassmannshausen war damals wie ich noch ohne eigenen Nachwuchs – ist eigentlich verständlich." In Ralfs Sportkarriere gibt es einen kleinen dunklen Flecken und eine Riesenenttäuschung. Gerhard Noack fragt nach: „Sie meinen die Kart-Weltmeisterschaft 1992 in Frankreich?" Ja, die Kart-WM. Er erzählt: „1992 war die Konkurrenz sehr stark, weil viele Werksteams an dieser Weltmeisterschaft teilnahmen. Wir hatten ein eigenes Kart gebaut, die Konstruktion war aber wohl noch nicht ausgereift. Nun, die ganze Veranstaltung war – gelinde gesagt – ein Reinfall für uns. Ralf blieb mit dem neuen Kart schon in den Vorläufen hängen, am Samstag durften wir wieder abreisen. Wir alle waren schwer geknickt, und die WM haben wir danach sofort aus dem Gedächtnis gestrichen. 1992 war nicht unser Jahr, es war ein Jahr voller Pleiten, Pech und Pannen. Ralf war ein toller Junge mit großem Talent, aber 1992 ging immer irgend etwas schief. Mal blieb plötzlich einer im Kart vor ihm stehen, und er fuhr auf. In Frankreich musste er mit einem unausgereiften Kart ins Rennen und verlor. Er hat in diesem Jahr viel einstecken müssen, aber er hat daraus auch Stärke bezogen."

„A loveley new car", schwärmte Temchef Frank Williams am 27. Januar 2001 in der Boxengasse von Silverstone. Im „wunderbaren neuen Fahrzeug", dem weißdunkelblauen FW23, drehte Ralf Schumacher an diesem Samstag um 14.37 Ortszeit gerade auf glatter Piste vorsichtig eine Runde für die Medien. Williams sah stolz zu und meinte über die zweite deutsch-englische Formel-1-Generation: „Wir wollen die Lücke zu Ferrari und McLaren enger machen, ein oder zwei Siege holen. Wir wollen angreifen." Motorsportdirektor Gerhard Berger formulierte es bei der FW23-Präsentation ähnlich: „Es ist so gut wie ausgeschlossen, dass wir den Rückstand auf die etablierten Spitzenreiter im zweiten Jahr wettmachen können. Aber wir wollen uns soweit verbessern, dass wir auf der Lauer liegen und zuschlagen können, sobald eines dieser vier Autos ein Problem hat." Auch Patrick Head, Technischer Direktor von WilliamsF1, definierte bei der Pressekonferenz das Saisonziel: „Mit dem dritten WM-Platz war die Saison 2000 besser als viele erwartet hatten. Aber der große Punkteabstand zwischen uns und den führenden Teams McLaren und Ferrari zeigt deutlich, wie viel Fortschritt für 2001 nötig ist, um wirklich wettbewerbsfähig zu werden. Der FW23 baut auf der Entwicklung der letzten beiden Jahre auf und ähnelt sichtlich dem erfolgreichen FW22 aus der Saison 2000. Der neue, kompaktere und leichtere Motor von BMW wird die Chassis-Dynamik unterstützen und mehr Leistung bieten. Die Aerodynamik des Autos wurde gemäß den neuen Regeln optimiert. Wir hoffen, dass Auto und Motor unseren Fahrern erlauben, mit etwas Glück um Rennsiege zu kämpfen."

Glück und Können – das Williams-Team und die Mannschaft von BMW hatten zu Jahresbeginn schon (fast) alles für den erhofften Erfolg getan. Bei der Vorstellung des „loveley new car" waren auch Chef-Aerodynamiker Geoff Willis und Chef-Konstrukteur Gavin Fisher gefragte Interviewpartner. Willis erklärte: „Zu unseren Herausforderungen für 2001 gehören die größten Reglementänderungen im Aerodynamik-Bereich seit 1997, beträchtlich strengere Struktur- und Aufprall-Tests, ein neuer BMW Motor und mit Michelin ein neuer Reifenpartner. Konzeptionell ist der FW23 eine Evolution des FW22 mit Entwicklungen und Verbesserungen für den neuen Motor und das Getriebe sowie einer ganzen Reihe von Veränderungen als Auswirkung der neuen Regeln. Beim äußeren Erscheinungsbild haben die neuen Vorschriften vor allem mit der geringeren Anzahl der Heckflügelelemente, den längeren und höheren Seitenkästen sowie dem höheren Frontflügel sichtbar Einfluss genommen. Die neuen Regeln haben uns gezwungen, jeden Bereich des Fahrzeugs neu zu prüfen und haben damit zu einigen interessanten Entdeckungen geführt. Zielsetzung für 2001 ist, auf den zahlreichen Stärken des FW22 aufzubauen und mit dem FW23 unseren Weg zurück auf die Siegerstraße zu beschleunigen." Zum neuen Reifenpartner Michelin meinte Fisher: „Wir haben an einem engagierten Entwicklungsprogramm mitgearbeitet, um den Formel-1-Einstieg von Michelin zu unterstützen und sicherzustellen, dass sich unser Auto in Verbindung mit deren Reifen entwickelt. Um wieder an die Spitze der Formel 1 zu gelangen, ist es absolut notwendig, dass alle – WilliamsF1, BMW und Michelin – Spitzenleistungen bringen."

Spitzenleistungen werden im Jahr 2001 auch von Ralf Schumacher und Juan Pablo Montoya, der Jenson Button als „Nummer Zwei" bei BMW WilliamsF1 ablöste, erwartet. Über die „Nummer Eins", Schumacher, hieß es bei BMW, er sei nach vier Jahren in der Formel 1 zu einem der schnellsten und konstantesten Fahrer gereift. Reife und viel Geduld demonstrierte dieser auch in den Interviews im Vorfeld der neuen Serie. „Woran glauben Sie?" wurde Schumacher gefragt. Antwort: „Bevor man an etwas anderes glaubt, muss man an sich selbst glauben." Frage: „Bewundern Sie einen anderen Rennfahrer?" Schumacher: „Nein." Frage: „Was fasziniert Sie am Rennsport?" Schumacher: „Der harte Wettkampf der besten Fahrer, der besten Technik, der besten Ingenieure und der besten Taktik." Glaube an die eigene Stärke im harten Wettkampf der Besten: Mit dieser Einstellung – gesundes Selbstbewusstsein plus große Gelassenheit – reagierte Schumacher auch auf seinen neuen Teamgefährten Montoya. Der hatte schon kurz nach Dienstantritt bei BMW-Williams die eigene Position klar definierte: Ralf Schumacher im Nacken sitzen! „Ich werde alles versuchen,

das Auto ans Limit zu pushen," versicherte Juan Pablo bei der Präsentation des 830-PS-starken FW23 in England. „Ralf hat seinen Job, ich mache meinen." Nur wenige Fahrer erlebten bei ihrem Formel-1-Einstieg so viel Rummel wie der am 20. September 1975 in Bogota geborene Kolumbianer. 1995 bestritt Montoya sein erstes Formelrennen in Europa und beendete die Saison als Dritter der britischen Formel-Vauxhall-Meisterschaft. 1996 fiel er in der britischen Formel 3 mit zwei Siegen auf sowie mit einem vierten Platz bei der Europameisterschaft der F3 im holländischen Zandvoort. In der Formel 3000 wurde Montoya 1997 auf Anhieb Zweiter, Ende 1998 gewann er den Formel-3000-Titel, 1999 holte er sich mit sieben Siegen die Meisterschaft in der US-Champ-Car-Serie, im Mai 2000 sicherte er sich beim 500-Meilen-Rennen von Indianapolis als Neuling die Trophäe (vor ihm hatte zuletzt 1966 Graham Hill als Debütant das legendäre Rennen gewonnen). Bei der Präsentation in Silverstone dämpfte Teamchef Frank Williams allerdings die Erwartungen an das Ausnahmetalent: „Bei den ersten vier Tests 2001 hat Juan Pablo klar gezeigt, dass er die Möglichkeiten zum Erfolg in der Formel 1 hat. Er ist eindeutig talentiert und instinktiv konkurrenzfähig. Dennoch wäre es unklug, mit sofortigem Erfolg zu rechnen."

Nach Silverstone sollten acht weitere Test-Tage in Barcelona und letzte Vorbereitungen in Kyalami/Südafrika folgen. Für den 4. März war das Auftaktrennen für die neue Formel-1-Saison terminiert, der Grand Prix von Australien in Melbourne. Mit dem für ihn so typischen Humor meinte Ralf beim Blick auf den Terminkalender 2001: „Ich habe dann 17 Siegeschancen. Wenn mein Bestes nicht gut genug ist, dann muss ich mich nach etwas anderem umschauen. Vielleicht werde ich dann Straßenbahnfahrer."